夺宝清明上河图

董宁丽 著

浙江科学技术出版社·杭州

版权所有　侵权必究
图书在版编目（CIP）数据

夺宝清明上河图 / 董宁丽著. -- 杭州：浙江科学技术出版社, 2024.5
（神奇博物馆）
ISBN 978-7-5739-1210-7

Ⅰ.①夺… Ⅱ.①董… Ⅲ.①中国历史—北宋—少儿读物 Ⅳ.①K244.09

中国国家版本馆CIP数据核字(2024)第092940号

丛书名	神奇博物馆
书　名	夺宝清明上河图
著　者	董宁丽

出版发行	浙江科学技术出版社
	杭州市拱墅区环城北路177号　邮政编码：310006
	办公室电话：0571-85152486
	销售部电话：0571-85176040
排　版	杭州真凯文化艺术有限公司
印　刷	浙江新华数码印务有限公司
经　销	全国各地新华书店

开　本	880mm×1230mm　1/32	印　张	6.25
字　数	59千字		
版　次	2024年5月第1版	印　次	2024年5月第1次印刷
书　号	ISBN 978-7-5739-1210-7	定　价	25.00元

策划编辑	张祝娟	责任编辑	张祝娟
责任美编	金　晖	封面设计	李广宇
责任校对	张　宁	责任印务	叶文炀
插　图	李广宇		

亲爱的宝贝，

送你一座掌上博物馆，

愿你的童年充满欢乐、知识和奇幻！

时空穿越小分队

亲爱的小朋友，读了这本书后，你最喜欢谁？请为他们画一幅画像吧！

立正！小妙、小奇、慕华还有杰瑞前来报到！

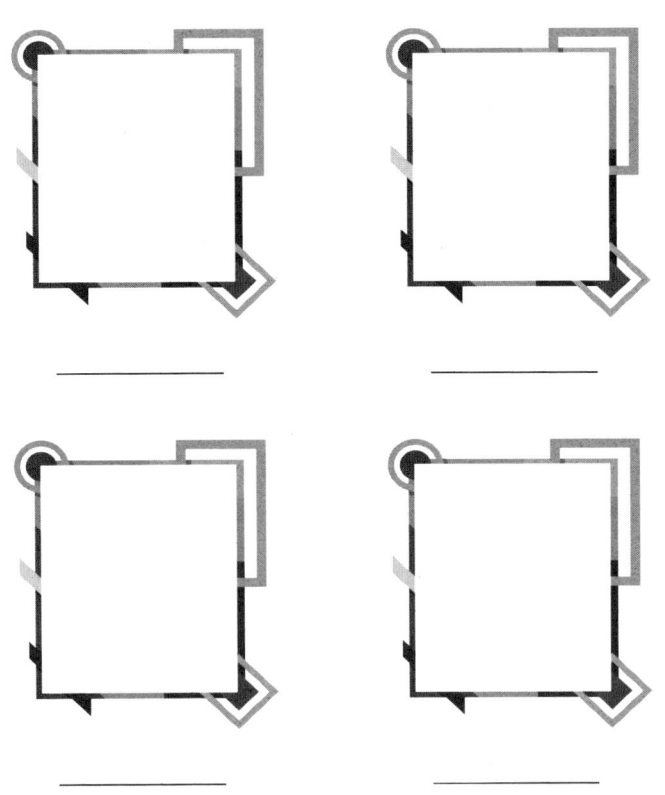

新时空的加入者

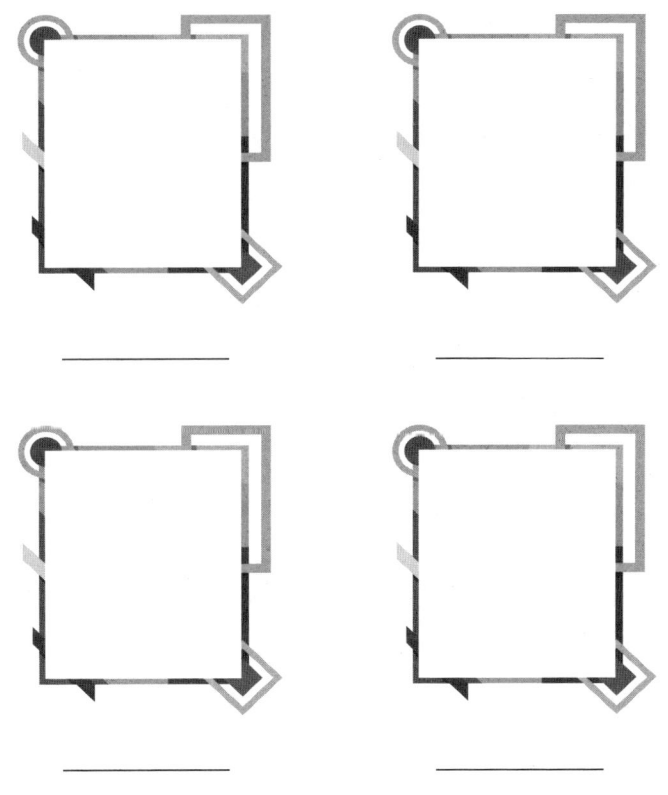

　　稍息！不管你们在书中表现如何，我们都代表神奇博物馆欢迎你！

目录

第一章
王小妙的秘密
- 001 -

第二章
玉坠谜团
- 013 -

第三章
杰瑞丢了
- 022 -

第四章
《清明上河图》
- 039 -

第五章
这是哪里
- 049 -

第六章
被捕
- 061 -

第十三章
寻求帮助：张择端
~ 122 ~

第十二章
迷失金明池
~ 115 ~

第十一章
线索
~ 108 ~

第十章
追踪飞贼
~ 103 ~

第九章
失窃
~ 093 ~

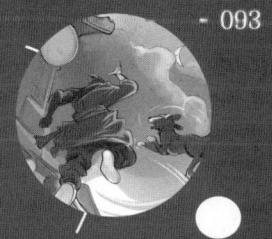

第七章
生死攸关
~ 076 ~

第八章
遇到阿郎
~ 083 ~

第十五章
水中追捕
~ 139 ~

第十四章
顺利进院
~ 132 ~

第十六章
柳暗花明
~ 146 ~

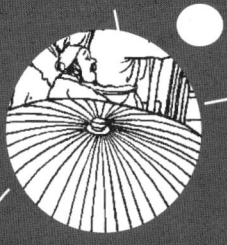

第十七章
发现密道
~ 151 ~

第十八章
密道惊魂
~ 162 ~

第十九章
一局大棋
~ 177 ~

第一章　王小妙的秘密

现在是下午五点。

杰瑞眯着眼，舒服地躺在阳台的躺椅上，欣赏着落日余晖。一切看上去是那么惬意。

杰瑞不知道的是，几分钟后，它要来一场"惊心动魄"的"闪电战"。

窸窸窣窣的脚步声从客厅传来，一路到了与客厅相连的阳台。杰瑞动了动耳朵搜索：越来越慢的脚步声，压抑的呼吸声。杰瑞在心里冷笑道：又想暗算我，就凭你，没门！于是它便将计就计，一边闭眼装睡，一边支棱着耳朵注意动静。不出所料，几秒钟后一个网兜从天而降，一个黑影紧随其后。杰瑞猛地睁开眼，以迅雷不及掩耳之势，一个侧翻落地，闪退网外。

咣当，嘎吱，Duang，啊……

躺椅的倒塌声和男孩的惨叫声打破了阳台的恬静，一片狼藉中，一个小男孩趴在地上，一脸痛苦，高声叫嚷着："杰瑞，我不会放过你的！"顺着他的目光，一只可爱的小狗蹲在男孩身前，飞机耳，笑得无比开怀。

这只小狗就是杰瑞。这个小男孩是它的主人，也是它的"敌人"，名字叫王小奇。

王小奇的心里一直有个超级大侦探的

梦，所以他特别想要一条威风凛凛的德国牧羊犬，高高壮壮、虎虎生风，正好衬托他英勇无畏、一丝不苟的大侦探风度，可爸爸却送给他一只小小的贵宾犬。王小奇从一开始就不喜欢这条小贵宾，认为它完全配不上自己的气质。爸爸让他给小狗取名时，他就随口说："杰瑞！"意思是它就像一只小老鼠（《猫和老鼠》里小老鼠的名字）。

杰瑞是一条来历不明的小狗。

小奇的爸爸是一名考古工作者，经常到全国各地进行考古工作。在一个文物挖掘现场，小奇的爸爸无意中发现了这只小狗。当时并没有太在意，可奇怪的是，小狗一连许多天都围着王小奇的爸爸，无论怎么驱赶，它都会神奇地出现（这只小狗不知从什么地方冒出来,并在人群中一眼相中小奇的爸爸。工作时它只在一旁安安静静地趴着,休息时便蹭到王小奇爸爸的脚边撒娇卖萌),甚至当考古工作结束,小奇的爸爸上车准备离开时,它居然一跃跳进小奇爸爸的怀里,黑溜溜的大眼睛里写满:求求你,带我走吧!小奇的爸爸看这小狗如此通人性,正好小奇也想要条狗,就把它带回家里,送给了小奇。

在小奇眼里,杰瑞多少有些神秘。这可能是他不喜欢杰瑞的另一个原因。

杰瑞的脖子上挂着一小块玉坠,只有大拇指指甲盖那么点儿大,说白不白,说青不青,藏在杰瑞灰白的毛里,不注意看的话很难发现。爸爸第一次看到杰瑞的玉坠时,出于职业习惯,想取下仔细看看。

可是杰瑞一发现爸爸的企图，就龇牙咧嘴又炸毛，挣扎扭身，远远地跑开。后来几次也是如此。再后来，爸爸因为工作忙，就忘了这件事。

小奇可是"大侦探"啊！他想了很多办法，试图把玉坠从杰瑞的脖子上取下来。可他屡屡受挫。不过，当"大侦探"就要有百折不挠的精神，案子不破誓不罢休。对小奇而言，眼下最大的案子就是"杰瑞玉坠之谜"。

今天下午，小奇想趁杰瑞不注意，把杰瑞装进网兜里，这样他就有机会取下玉坠，看个仔细。眼看就要成功，杰瑞却在最后时刻纵身一跃，躲开了小奇的抓捕，还让功亏一篑的小奇摔了个大跟斗。

看着杰瑞得意的样子，小奇有些气急

败坏，坐在地上一边喘气一边琢磨着怎么开展下一轮的"围剿"行动。

这时一个清脆的声音传来："孩子们，看我把谁带来了？"循着声音看过去，妈妈站在客厅，身边站着一个漂亮的小女孩，金黄色的头发，蓝蓝的眼睛，高高的鼻梁，正笑眯眯地看着小奇。

"小奇，她就是我前几天跟你说起的慕华。这个暑假，她参加中国文化夏令营，就住在咱们家。赶快表示你的欢迎吧。"

"How...how are you（你好）."小奇好不容易想起这句英语的问候语。

"王小奇你好，我叫慕华，来自美国，很高兴认识你。"没想到慕华用标准的汉语做了回应。

"天哪,你的中国话讲得好棒啊!"小奇正着急怎么用英语继续交谈,没想到人家慕华的汉语顶呱呱。

"慕华,你以后还是要多和小奇说说英语,帮助小奇提高英语水平。"妈妈笑着对慕华说。

小奇心里想:哼,我就知道妈妈领个外国孩子到家里,是为了让我学英语。

"阿姨,我到中国,也是希望能够提高我的汉语水平,所以,我也希望能多向小奇学习汉语。"

"没问题,慕华,我教你学汉语,你教我姐姐小妙学英语。哈哈。"小奇把学英语的任务给了姐姐。

小妙是小奇的姐姐,说是姐姐,其实也就比小奇早出生几分钟,两个人是双胞胎。虽然小妙只比小奇早出生几分钟，但在生活中，小妙听话、爱学习、爱劳动。小奇和姐姐相比，真的有点小调皮。不过，据说福尔摩斯小的时候也是这样呢！

"小奇，小妙去哪里了呀？"平常妈妈到家，小妙总是问好，帮妈妈拎东西。今天妈妈都到家好一会儿了，还没看到小妙。

提到小妙，小奇也想起来，一下午了，都没看到小妙。按照以往，她五点前肯定到家了，但现在都快六点了，还没有回家，这有点不寻常……

"她说到同学家去了。"小奇回答着，心里回想着小妙出门前的一举一动。

"那怎么这么晚还不回家啊，不会出什么事情了吧？要不要报个警啊？"每次只要家里有一点风吹草动，妈妈的担心就会滚滚而来。

正在大家焦急的时候，"咯吱"一声，房门被推开，一个清秀的小女孩走了进来。她圆圆的脸庞，红扑扑的脸蛋，脑后扎着两根小辫儿。女孩刚进门，正准备说话，妈妈先发话了："小妙，你到哪里去了？可把妈妈急坏了。"

"妈妈，我……我去同学家……写作业了。对不起，回来晚了。"看到妈妈着急，小妙紧张得有点小结巴。妈妈急着向小妙介绍慕华，并没有在意，可小奇把一切都看在了眼里。

"乖孩子，不用道歉。回来就好，这是慕华……"妈妈开始向小妙介绍。

小妙、慕华和妈妈你一言、我一语地

聊起来。妈妈要给慕华做一桌美味的中国菜，便安排小奇陪慕华聊天，让小妙给自己打下手。小奇不情不愿地领命——在小奇眼里，妈妈和小妙根本不像母女，更似一对姐妹，有着说不尽道不完的共同语言。

小奇回想着姐姐进屋时的神情，心中掠过一丝疑问。虽然小妙的表情、举止没显出什么大的异常，但眼神还是有些异样：似乎有点刻意压抑的激动，又有些想要分享的情绪。姐姐肯定藏了一个秘密！

小奇从小就特别善于捕捉常人不易发现的细节，这或许就是他认为自己有侦探天赋的原因。

小奇一边敷衍地回答着慕华对中国的各种好奇提问，一边琢磨着姐姐到底有什么秘密。没多久,妈妈和姐姐端着饭菜走出了厨房。

"好了,孩子们,我们开饭吧。"妈妈笑眯眯地端着喷香的饭菜,早已饿坏的三个小家伙赶紧上了饭桌。

慕华完全被这些色香味俱全的中国美食征服了,一边吃,一边不时地发出惊叹。小妙也摆出一副大姐的姿态,先说英语,后说汉语,给慕华介绍这些美食。"This is dongpo pork。这是东坡肉。this is Longjing shrimp。这是龙井虾仁。"……

众人大快朵颐,王小奇却心事重重:姐姐有点儿不对劲,一定是有秘密瞒着他。

可那是什么秘密呢?

第二章　玉坠谜团

晚餐结束。

妈妈和慕华在客厅里看电视,不时传出她们开心的笑声。

王小奇的房间里,气氛却十分严肃。

小奇盯着小妙,小妙看着小奇,两个人都不说话。

"小妙,我知道你有事情瞒着我。"小奇打破了沉默。"你今天下午……"

"我让你看看这个。"小奇还没说完,小妙就打断了他,边说,边拿出手机。

小奇一把抢过手机。手机屏幕上是一张黑白照片，照片里是一个类似锥体的玉坠。

"我还以为有什么神奇的东西呢，不就一个玉坠吗？"王小奇说道。

"你仔细看看，这个玉坠是不是很眼熟？"小妙脸上依然是一副很神秘的表情。

"眼熟？对哦，好像和杰瑞脖子上挂的那个有点像啊！"小奇一拍脑袋。"不过，杰瑞的玉坠我一直没机会拿下来仔细看，而且……这照片也太模糊了吧，你这拍照技术不行啊。"小奇不愿意承认自己一次次"围捕"的失败，想把注意力转移到小妙的拍摄技术上。

"我们家小奇的眼力就是好……"小

妙的心思都扑在玉坠上。

"可是，这有什么值得你神神秘秘的呢？我也能拍这样的照片，而且肯定可以拍得清晰。我现在就去拍。"说完，小奇就准备去找杰瑞了。

"你这个粗心大王。"小妙一把拉住王小奇，"你仔细看看，这照片上的玉坠是杰瑞脖子上的吗？"

"对啊，这好像是你从一本书上翻拍的啊。"

"这就对了。"小妙的脸上带着得意，"今天下午，我去明明家写作业。我在她的桌子上看到一本《宝物之谜》，随手翻了一下，竟然发现了这个玉坠。"

"真的？"王小奇的眼睛一下子放出光芒。

"你听过秦始皇传国玉玺的传说吗?"

"当然了。据说,战国时期,楚国有个叫卞和的人,献给楚厉王一块未经雕琢的玉。可厉王觉得只是一块石头,认为卞和欺骗了自己,一怒之下,命人砍去了卞和的左腿。厉王死后,武王继位,卞和继续献玉。可武王也没看出这是一块宝玉,于是又砍了卞和的右腿。文王继位后,终于发现,这的确是一块稀世的宝玉。他让人把这块玉雕成了一块玉璧,并命名为'和氏之璧',以奖励卞和的忠勇。"小奇对于这段历史很熟悉。

"对。后来秦始皇统一六国,得到了这块'和氏之璧',并将其制作成一块玉玺,称之为传国玉玺。再后来,历代帝王都想方设法得到这块玉玺,以表明自己的帝位是合法的。"小妙补充道。

"是的。可是到了元代末年,朱元璋的军队打到大都,元代最后的皇帝就带着玉玺逃到北方的荒漠里去了。此后,徐达曾带军队到漠北追击,想找回这块玉玺,但最终无功而返。从此,这块玉玺下落不明。"小奇边说边琢磨着照片。

"没错,从此玉玺的下落成了千古之谜。"

"可是,我的老姐,这和杰瑞脖子上的玉坠又有什么联系呢?"

"我的老弟,你还记得这块玉玺被损坏过吗?"

"那当然了。西汉末年,作为大臣的王莽,想自己当皇帝,就让汉朝的皇太后把玉玺给他。皇太后气愤不已，把玉玺摔到地上，磕掉了一个角。后来，王莽是用金子把这个缺角给补上的。"

"我的老弟记性不错哦。"小妙的笑里面带着一丝神秘。

"感谢老姐毫无用处的表扬，这依然和玉坠没有……"王小奇正说着，突然大脑中闪出一道亮光，一个惊人的想法在大脑中浮现，"小妙，难道，你是说，这个玉坠，玉坠……就是那个玉玺破损的角吗？"

"你觉得呢？"

"你脑洞好大啊！"

"别扯这没用的，你看下这张照片。"

小奇滑了一下手机屏幕，又出现一张

照片。很明显，还是那本书的翻拍，应该是对这个玉坠的一些文字说明——

"当年，玉玺被王莽夺走后，一位宫女悄悄收藏了那个破损的角。后来，这块有着奇特经历的小玉石流到民间，并被穿了绳子，成为一个小玉坠。民间传说，这块小玉坠有着非同寻常的魔力，但均无正史记载，无从考证。人们最后一次看见这个玉坠是在民国期间，还被拍了照片。此后，这个玉坠再次失踪。"

"难怪这张照片是黑白的，原来是民国时期拍的啊。这世上还有这样巧的事情？"

"反正我觉得很像。"小妙说道。

"可惜爸爸出差了，不然，我们可以把这个重大的发现告诉他。"

"你还记得张叔叔吗？"

"记得，爸爸的好朋友，经常到咱们家做客。"

"张叔叔在省博物馆工作，他应该能告诉我们一些答案。"

"行，就这么定了，咱们明天去找张叔叔。中国历史上的一个谜团，也许就要被我们揭开了。"想到这里，王小奇浑身充满力量：他感觉侦探界的大明星正在冉冉升起……

"记得，明天一定要带着杰瑞。"姐姐提醒小奇。

"这是肯定的。我们把这张照片和杰瑞脖子上的玉坠都给张叔叔看看。"小奇回应，"这么说，杰瑞还真有些神奇了，它难道也知道这块玉坠的秘密？不然它为什么那么护着玉坠。"

说到这里,透过门缝,小奇和小妙看到杰瑞正蹲在地上和妈妈、慕华一起看电视。突然,杰瑞的脑袋往小房间一转,和小奇、小妙对了个眼神,目光锐利,仿佛看透了姐弟俩的想法,小奇和小妙不禁心头一颤。

第三章　杰瑞丢了

太阳照常升起，温暖着东方的大地。

小奇和小妙起了个大早。昨晚他们都没休息好，心里一直盘算着今天的事情。

妈妈为大家准备了丰盛的早餐，切片面包、果酱、果汁，还有热乎乎的小馄饨。

"今天的早餐是中西结合，希望孩子们都能喜欢。"很显然，这些小馄饨是妈妈特意为慕华做的，想让她尝尝中国的早点。

慕华显然很享受这顿早餐，尤其喜欢小馄饨，连连称赞。不过小奇和小妙却没有心思品尝这美味。他们的心早就飞到博物馆了。

"妈妈，我们今天打算去一下省博物馆。"小妙作为代表，向妈妈提出请求。

"很好啊，你们和妈妈想到一块儿去了。慕华这次到中国，就是想了解更多的中国文化，博物馆是了解中国文化极好的去处，你俩带她一起去，好好介绍一下……"妈妈高兴地答应着。

"啊？"在姐弟俩的计划里，是没有慕华的。小奇眼珠子一转，赶忙打断妈妈的话："妈妈，慕华刚到中国，是非常疲惫的，还要倒时差，还是让她先休息休息，我们过两天再带她去。"小奇希望妈妈改变主意。

"No, no, no！我不累，我可以去博物馆，我最喜欢去博物馆啦！"还没等妈妈回应，慕华先回答了。

妈妈看慕华坚持，便说："慕华想去，就一起去吧！你们可要当好东道主哦。"

"这……"小妙知道，这次他们要完成一个重要任务，带着慕华很不方便，于是说："妈妈，省博物馆要凭身份证或者学生证换取门票的，慕华没有身份证，也没有学生证，恐怕不行唉。"

"我有护照的，能用吗？"慕华眨巴着大眼睛，真诚地看着姐弟俩，她哪里知道小奇和小妙的小算盘。

"当然可以！"妈妈抢着道。

"这个慕华，是来和我们作对吧。"小

奇心里想着。

"去博物馆是我这次来中国的重要计划，我要去那里看著名的《清明上河图》。"慕华补充道。

听到这里，小妙赶忙接话，"慕华，《清明上河图》被收藏在故宫博物院，咱们省的博物馆里是没有的。今天你去了也看不到。"小妙希望这能让慕华放弃。

"不不不。《清明上河图》这个暑假要在省博物馆巡展，我参加的中国文化夏令营，有几个城市可以选择，我就是为了看画，才来这里的！"

"孩子们，你们这样对待客人可不对哦。"妈妈准备为谈判画上句号，"早餐后，你们一起去博物馆。"

"可是妈妈……"小奇还想和妈妈争

取,小妙给小奇使了一个眼色。

"妈妈,放心吧,我们会照顾好慕华的!"小妙不想再浪费时间。

"我要上班了,小家伙们要注意安全啊!"妈妈看时间差不多了,急着出门。

"好!妈妈,再见!"

待妈妈一离开,小妙便对慕华说:"慕华,这次去博物馆,我们有一个重大使命,要偷偷带着杰瑞。这是一个秘密,请你一定要'Keep it to yourself!'(保密)"

一瞬间,慕华心里的好奇之火便熊熊燃起。她来不及多问,就满口应道:"放心吧!"同时,她还在嘴上做了一个拉拉链的动作。

"杰瑞,杰瑞……"小妙唤来小狗,轻轻抱起,柔声说:"亲爱的杰瑞,今天我们要带你去博物馆。你也知道，出门的时候一定要听指挥，千万不能乱跑……"小妙任何时候都是大姐范儿十足。

慕华听到了，说："这个不怕，这次出来，爸爸妈妈怕我走丢了，让我带了定位仪，有了它，杰瑞肯定跑不丢的。"慕华边说边从袋子里拿出一个小仪器，"只要把芯片贴在杰瑞身上，不管杰瑞跑到哪里，我们都能追踪到。"

"这个东西倒是不错啊。""大侦探"小奇一下子来了兴趣，拿过定位仪摆弄起来。和慕华互相配合，不一会儿他们就把定位仪的使用方法弄明白了。

小妙把芯片贴到杰瑞的身上。杰瑞出乎意料地配合，似乎非常期待今天的博物馆之行，而它脖子上的玉坠在阳光的照射下，迸发出神秘而诡异的光芒。

上午九点，阳光正好，不冷不热，一行三人，带着杰瑞，来到了省博物馆。小妙给张叔叔发了条信息——

"张叔叔好，我是王小妙，我们来博物馆请教您一些问题，请问您是否方便？"

小奇和小妙很激动，急切地想知道玉坠之谜。慕华也同样激动，只是她不仅好奇同伴的秘密，更想好好欣赏《清明上河图》。

"滴滴"，王小妙收到一条消息，是张叔叔回复的——

"王小妙，你好，非常抱歉，我临时有个会议。你们可以先在博物馆看一下展览，会议结束后，我联系你们。"

"唉,看来心急真的吃不了热豆腐啊。"小奇调侃道。

"豆腐?我很喜欢。不过,博物馆里可不能吃东西啊!"慕华有点蒙。双胞胎顿时哈哈大笑,向慕华解释起这句中国谚语的意思:性子急躁办不成事!不知不觉中,小家伙们的友谊在增长。

"要不,我们就先带慕华去看看展览吧。"小妙提议。说完,就带着慕华走进了省博物馆。

省博物馆一共有四个展厅,其中三个是常规展厅,展出代表浙江省几千年文明史的各种展品,从石器时代的陶器到明清的瓷器;从老百姓的日常用品到名家的艺术佳作,琳琅满目。另外一个是特别展厅,每隔一段时间,会推出一个主题展

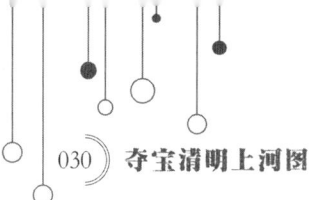

览,这次正好是故宫博物院藏品的主题展,其中就包含《清明上河图》这样的稀世珍品。

小奇和小妙带着慕华,直接走进了主题展厅,他们希望慕华能早点儿看到《清明上河图》,以完成这次来华的心愿。

一走进展厅,慕华立刻被中国文化惊艳到。这些从故宫带来的展品,都是中国古代文化艺术品的巅峰之作,从瓷器到玉雕,从书画到锦缎,每一件都散发出难以抵挡的艺术魅力。虽说只有一个展厅,但一圈看下来,也用了一个多小时。不仅慕华看得兴致勃勃,原来只打算"打酱油"的小奇和小妙也着了迷。

当三个小伙伴转完一圈,在兴奋之余,突然发现一个重要的问题——

"为什么没有《清明上河图》?"

"慕华,你的消息不准确,并没有《清明上河图》啊!"小奇调侃道。

"不可能,我的消息是准确的,应该有的,可能是我们没有找到。"

"怎么可能,那么大的一幅《清明上河图》,有五米多长,要是真展出了,我们怎么可能看不到?"

"肯定是有的,我的消息不可能错……"

看着两个人要争吵,小妙赶快说道:"应该是有的,我刚刚在门口稍微看了一眼展览简介,说这次展品包括《清明上河图》的。但我们的确没有看到。我觉得,这里面肯定有什么问题。"

"会有什么问题呢?"每当出现疑问

时,小奇都会异常兴奋,就像福尔摩斯那样,只有大脑不停转动才会感到真正的快乐。

"要不,我们现在去找一下张叔叔,他肯定知道答案。"小奇建议。

"可是,张叔叔还在开会,到现在也没有联系我们啊。"

正当孩子们有点手足无措的时候,小妙突然低声喊了起来:"杰瑞去哪里了?"

天哪!杰瑞丢了!

三个人沉浸于中国古代艺术时,都忘记了杰瑞的存在。

"对啊,我们光顾着看展览了,都忘记照顾杰瑞了。"王小奇拍了一下脑袋,"对了,我们刚刚出门的时候,已经给杰瑞身上粘了跟踪芯片,慕华,试试你的定位仪吧。"

"Ok，我用定位仪找找杰瑞。"

说完，慕华从口袋里拿出一个小装置，"这个装置和杰瑞身上的芯片是无线连接的，只要在两公里范围内，不管它走到哪里，都会在这里显示出位置。"慕华说完按了几下按钮，屏幕上出现了一个红点。"这个红点就是杰瑞，我们去找它吧。"

三个小朋友顺着仪器的指示，在博物馆里寻找杰瑞的踪迹。穿过一个个展厅，走过一道道长廊，小红点一闪一闪，他们距离红点的位置越来越近，20米、10米、5米，2米！从仪器的显示情况看，他们已经到达杰瑞所在的位置，可是，三个小伙伴放眼看去，这里是一条安静的走廊，空空荡荡，并没有看见杰瑞。

"你的仪器是不是坏了啊?"王小奇问道。

"这怎么可能,我昨天还检查过的。"慕华回答。

"那我们为什么没有看见杰瑞呢?"小妙也提出疑问。

这里显然不是博物馆的游览区,空荡荡的走廊,只有一盏孤零零的射灯投下冷黄色的圆影,没有一个行人,也没有杰瑞,只有仪器上的红点不停闪烁,并发出"嘟嘟"的响声。在这空旷安静的走廊里,三个人不免打起了寒战。

"我们还是先回到展厅吧。"小妙对目前的情况有些担心。

"可是,我们来的时候是按照仪器指示走的,现在都不知道在哪里,这个博物馆这么大，我们怎么走出去啊？"小奇也有着一种不好的感觉。

"既然仪器没有坏，杰瑞应该就在这里，我们再仔细看看，会不会哪里漏掉了。"小妙提议。

"今天可真是不走运的一天。"小奇心里想道，"想解开玉坠之谜，张叔叔却临时开会；想看《清明上河图》，却不知为什么没有展出；想找到杰瑞，仪器明明指在这里，却偏偏看不见。"

"慕华，我又仔细看了一遍，这里根本就没有杰瑞藏身的地方，它要是在这里，我们一定会看见它的。"小妙的表情有些紧张。

"我们再仔细找一找，我想，一定是我们忽略了什么。"慕华相信，仪器一定没有问题，一定是有某个细节，他们没有想到。

"慕华，我也仔细找过了，这里真的不可能藏着杰瑞，除了前面有一个楼梯，其他都是平地。小奇也有些泄气了。

"楼梯？"慕华的脑子突然闪过一个想法，"我知道了。"

"你知道什么了？"小奇和小妙满脸疑惑。

"我知道为什么我们看不见杰瑞了。因为这个仪器显示的是水平位置，并不显示垂直位置。也就是说，杰瑞现在的水平位置就在这里，但垂直位置不在这里。"慕华的眼睛向楼梯看了过去，"如果我猜的没错的话，我们顺着这个楼梯下去，就能找到杰瑞。"

三个小伙伴赶快顺着楼梯往下走。越往下走,仪器的红点越亮,这似乎印证了慕华的判断。

不知走过多少台阶,他们被迫停了下来——一道铁门拦在了眼前。仪器的红点快速闪烁,这等于告诉三个孩子,他们距离杰瑞很近很近了。

"已经走到这里了,可不能放弃。我们再想想办法。"小妙鼓励大家,"我猜,杰瑞一定是穿过了这道门。既然这道门没能阻挡杰瑞,也一样不能阻挡我们。"

"可是,杰瑞是怎么穿过这道门的呢?"王小奇皱着眉头,猜测着这道门的玄机。

"也许这道门根本就没上锁。"慕华说道。小奇和小妙看了慕华一眼,两个人都一脸惊讶。只见慕华使劲一推，门居然打开了。

"这道门居然没有锁？"小奇感到非常惊奇。

"也许就是杰瑞给我们打开，等着我们呢。"慕华兴奋地回答。

"今天我们的经历真的太神奇了。"小妙觉得有些不可思议。"或许，更神奇的经历正在前方等着我们呢。"小奇有个强烈的预感，铁门的背后，注定不同寻常。

第四章 《清明上河图》

穿过铁门，眼前是一条幽深的走廊。这显然是一个非常封闭的空间，那道大门，也许是这里唯一和外界连接的点。整个走廊没有一点阳光穿透，全靠一盏盏昏暗的小灯，勉强照出一条前行的小路。

小奇走在最前面，恐惧渐渐爬上心头，心脏紧张得似乎都要停止跳动。他有点后悔走进这里，但还不能表露，只能壮着胆子继续往前走。

走廊很安静，孩子们每一个脚步声都

格外清晰，追踪器的红色警报声也显得更为响亮。

"我知道这是哪里了。"小妙的这句话，让其他两位小朋友感到很惊奇。

"我听爸爸说起过，每个博物馆都有一个专门存放文物的房间。为了保护文物，这些房间的灯光都很昏暗。我猜，我们应该来到博物馆的储藏室了。"

"储藏室应该是很保密的地方吧，我们怎么会走进这里呢？"王小奇非常疑惑。

"我猜那道铁门就是保护这里的。这道门平常肯定是锁好的，电影里，这种门用的锁都很先进，又是密码，又是指纹，又是眼睛虹膜识别的。我只是奇怪，为什么今天这道门是打开的。"小妙的话让大家更疑惑了。

"这也许是今天留给我们的又一个谜题吧……啊!"小奇突然大喊一声,吓了大家一跳。

"小奇,怎么了?"小妙睁大眼睛,慌忙问道。

"有——个——东——西——把我的脚,脚缠住了,我好像动不了了。这里不会还有什么陷阱和暗器吧?"小奇的声音有些颤抖。此时此刻,这位"大侦探"只恨自己不是只猫头鹰,没有一双"夜视眼"和一对能飞离险境的翅膀。

"怎么会呢,这里是博物馆,又不是古墓,怎么会有陷阱和暗器。"小妙虽然安慰着小奇,但心里也没底。

走廊里光线昏暗,再加上大家都非常

紧张，谁也看不清小奇脚旁是什么东西，只见一团白色的物体，好像还在挪动。物体上有一个亮点，一闪一闪，发出一种艳丽而诡异的光芒。这个时候，小奇一动也不敢动。小妙和慕华一点点下蹲，凑近，想看个仔细。大家的心都悬到了嗓子眼。

正在这时，小奇脚旁突然传出"汪汪"声。三个小伙伴立即转惊为喜。"啊？杰瑞！"小奇迅速明白了，原来他的脚碰到的就是一直苦苦寻找的杰瑞。那个亮光，正是杰瑞脖子上的玉坠发出的。

"杰瑞，终于找到你了。"王小奇赶快抱起杰瑞，"你怎么跑到这里来了？快跟我回去。"

还没等小奇说完，杰瑞又一下子挣脱了小奇，向前跑去。它似乎是故意在这里等着大家，然后要给大家带路。

看到杰瑞向前跑，三个小伙伴赶快顺着那道显眼的亮光追了过去。追出几十步，杰瑞停住了，发出叫声，似乎在提醒着小伙伴什么。

小奇停住脚步，努力地向前看。这里似乎有一个巨大的玻璃罩，里面好像放着什么东西。大家尚在黑暗中摸索，杰瑞早已绕到玻璃罩侧面，直起身子，用前爪抓挠着玻璃罩支架的边缘。小奇见状，循着玉坠的亮光跌跌撞撞地走向杰瑞，战战兢兢地伸手摸向杰瑞抓着的地方：有凸起物——是个开关。"不会是什么防盗的陷阱吧？"小奇心下狐疑，可眼前别无选择，只能咬牙按下。刹那间，玻璃罩内的展柜灯一齐亮起，三人被刺得睁不开眼睛。等他们回过神来,呈现在他们眼前的是一幅宏伟壮观的传世巨作——

《清明上河图》。

"我的天!我终于看到《清明上河图》了。"慕华第一个惊呼。

这是一个巨大的玻璃罩,一幅完整的《清明上河图》被完好地安放在这里,散发出震撼人心的艺术光芒。

"杰瑞,你真的好神奇啊,你是怎么知道这里有《清明上河图》的?"小奇一边被这艺术巨作所震撼,一边又为杰瑞的神奇而感到惊讶。

"太不可思议了!"小妙素有"历史小姐"之称,面对如此不可思议的一幕,不禁喃喃自语道:"这是我国宋代画家张择端的一幅传世之作。全图长528.7厘米,宽24.8厘米,这幅画生动记录了北宋首都东京(今开封)城的繁华以及繁华之下的种种忧患。据说,这幅画藏着很多不解之谜,我记得爸爸曾经讲过,现存的《清明上河图》可能是不完整的,原图可能更长,画面的最后一部分有可能损毁了。而且,因为名气太大了,千百年来仿品也多得不可胜数。不过,专家们一致认为北京故宫博物院的藏品是张择端的原作,也就是这一幅啦!"

"我真是太幸运了!"慕华睁大眼睛看着画,"A feast for my eyes!(让我大饱眼福)我的眼睛真有福气啊!……那个成语应该怎么说来着?"

"一饱眼福!"小妙笑着答。

"对对对,一饱眼福,一饱眼福!"

"要我说啊,你一会儿就去一趟北宋,在东京城里逛一逛,要是运气好,还可以请张择端给你签个名,让你从眼睛到心灵都充满福气,你看我的主意好吧?"小奇故意和慕华抬杠。

"It is impossible.(这是不可能的。)王小奇,我们不可能回到古代,还是先看画吧。"慕华一边看着画,一边一本正经地回答。

王小奇心里直乐:"逗你玩儿,你还当真了。"

"好了,我想咱们还是赶快离开这里吧。"小妙提醒大家。

"对,慕华,《清明上河图》你也看过了,咱们赶快离开吧。"小奇附和道。

慕华哪里肯轻易放过这千载难逢的机

会，一双大眼睛恨不得贴在玻璃罩上。

"慕华，我们还是赶快走吧。"小妙有些急了，"我担心等一下会有工作人员来，这里不是我们该来的地方。"

"好的，好的，很快，很快。"慕华敷衍地回答。

"你不走，我们要走了。"小奇抱着杰瑞，准备转身离开。

还没走两步，杰瑞却再次从小奇手中挣脱，重新回到玻璃罩前，并不停地冲着小奇叫着，似乎让他赶快回来。

小奇疑惑地重新回到玻璃罩前。正在大家都很奇怪的时候，突然，一道光亮从杰瑞的脖子上发出，穿过了玻璃罩，向《清明上河图》照去。这道光越来越亮，照射的范围越来越大，大到覆盖了整幅画面，亮到已经看不见任何东西。

"啊……"小奇只觉得一股强大的力量裹挟着自己向前飞去，他已经无法控制自己的身体，然后眼前一黑，就什么都不知道了。

第五章　这是哪里

风轻轻吹过麦田，原野里弥漫着收获的清香。

小奇不知自己睡了多久。他一睁开眼，就看见身边满是金灿灿的麦穗；耳边传来一阵清脆的笛声，顺着笛声寻去，一位牧童打扮的孩子正骑着黄牛缓缓前行——好一派田园风光！

此时的小奇，脑子还有些晕乎，他完全不知道自己在什么地方。

正在这时，小奇忽然觉得有人在拍

他，吓得他一激灵，立刻清醒过来。定睛一看，原来是小妙。

"小妙，我们这是在哪里？"

"我也不知道啊。"小妙一脸疑惑，"我就记得我从博物馆里被一道光吸走了，醒来就到了这里。这地方好像是农村。"

"慕华和杰瑞呢？"

"他们都在，我们一起来到了这里。"

说话间，杰瑞已经小跑到小奇脚边，乖巧地蹲坐着，圆圆的小脑袋昂得高高的。这时，小奇惊讶地发现，杰瑞脖子上的玉坠不见了。这到底是梦境还是现实？小奇的脑子陷入空白。

"小妙，你赶快用你的手机地图定位，看看这是哪里。"

被小奇一提醒，小妙想起自己还带着手机，赶紧打开。"哎呀，没有信号啊。"

"怎么会没信号，这里看上去也不是很偏僻嘛。你重启一下看看。"

小妙赶快重启了手机，可依然找不到任何信号。

"也许手机被摔坏了吧。"小奇琢磨着。

"应该不会啊，你看咱们都没受伤，说明摔得不重。手机看上去也没有损伤，其他功能都正常，不应该是摔坏了。"小妙一边说，一边不停地按着按键。

"我们找个人问问，看看附近有没有手机维修点。"慕华提醒道。

大家觉得也只能这样了。一行三个人走出麦田，来到一条大路边。走了没多久,就看到左右两边都有人过来。左边是一队人,这些人看上去就像电视里古代达官贵人家的佣人,穿着长袍大褂,戴着布帽,抬着一顶轿子缓缓前行;右边就一个人,这人穿着少数民族的服装,戴着装饰了一圈高档皮毛的大圆帽,牵着一匹高头大马。

"难道这里是影视城吗?这些人的穿着好奇怪啊,就像古代人一样。"小妙疑惑地对着小奇说。

"也许我们闯进了拍摄现场!那真是太好了,我是不是可以做个群演啊。"小奇调侃着。

"群演?是指什么?"慕华对此感到很新奇。

"嗯,群演就是群众演员!"王小

妙道。

"哦哦,我懂了!你们中国的古装TV play(电视剧)就是这样拍摄的吗?"

"对啊,我们仔细找找,估计导演和摄像就在旁边。"小妙转着脑袋四处望。摄像机没找到,倒是瞥见一条黑质白章、手腕粗细的蛇直直朝着人群滑去。小妙不敢惊动人群,只得咬着嘴唇向慕华贴近了些。

"我看过中国功夫片,我们都很崇拜李小龙,他好厉害啊!还有轻功……"慕华丝毫没有察觉周围的危险,一脸迷妹样儿,自顾自地说道。

"那都是假的,演员身上绑着威亚(钢丝)飞来飞去的。"小奇抢白道。

"可是……"

三个人热聊的工夫，蛇已向着大马的后腿发动了攻击。只见那匹高头大马突然从右边那人的手中挣脱，惊慌地飞奔而出，直向左边的人群而去。左边这些人看到这个场景，一下子大惊失色，大喊："马受惊了，快保护好主人。"

但是，事情发生得太突然了，轿夫们呆若木鸡，直愣愣地不知如何是好。眼看着大马就要冲撞上轿子，一场惨烈的"交通事故"在所难免。

"这个现场模拟得还挺真实啊，你看这马，就像真的要撞到这个轿子一样……"慕华看得饶有兴致。

"这可能不是模拟……"小奇喃喃道。

就在这危急关头，杰瑞迅捷地蹿出，奋力一跳，居然跳到了马的脖子上，然后咬住马的鬃毛狠狠一扯。这匹马被这么一扯，痛得连声嘶鸣，前蹄高高抬起，直立起躯体。待落下，居然转了个方向飞奔而去。

"杰瑞，你快回来，人家在拍电视剧，别瞎闹。"小妙看到杰瑞的行为，急得直喊。

"糟了，估计导演要找我们麻烦了。"慕华一脸苦相。

一切发生得过于突然，空气似乎凝固了三秒。等到杰瑞回到小奇身边后，大家好像才缓过神。左边的人迅速放下轿子，一个似乎是领头的人朝着小奇走了过来。

"完了，完了，咱们把人家的拍摄搅黄了，估计这位大哥要找我们算账了。"小妙嘀咕着。

那人越走越近，小奇的心脏突突地跳，"分明是影视剧拍摄，可刚才的场景真实得不像是模拟，不合逻辑啊……"

那人来到小奇面前，眼神中充满惊诧，双手作揖道："多谢好汉相助，若不是你们，今天我家主人就危险了。"

"好汉相助？主人危险？"小奇心里疑点重重，一时也不知道该怎么搭话，便说，"不客气、不客气，也不是我的功劳，全靠我家的杰瑞。对了，我想问一下，这是哪里啊？这附近有没有手机维修店？"

听小奇这么一问，这个人愣了一下，把小奇他们仔细打量了一番，眼中的诧异丝毫没有消解，但仍然礼貌地回答："这里是东京郊外啊。往西五里，就是东京城了。"

"东京？这里不是日本啊！"小奇脑子里迅速搜索着答案，"东京是哪里啊？在哪个省啊？"

小妙似乎意识到了什么，赶快问道："现在是哪一年啊？"

那个人的表情更加奇怪了，但又不愿多耽搁，道："现在是大宋宣和二年（1120年）。我等还要赶路，先行告辞了。"说完，就快速回到队伍，匆匆离去。

听了这一串对话，小妙和慕华完全愣住了。只有小奇的大脑在快速运转："小妙、慕华，我猜得没错的话，我们来到宋朝了，这里就是宋朝首都东京的郊外。难怪你的手机没有信号。"

"啊？这不科学啊。这怎么可能？"小妙感到不可思议。

"天哪!难道我们走进了《清明上河图》吗?"慕华也是惊掉了下巴。

"我们刚刚明明还在21世纪的博物馆,现在却来到了宋代东京。这到底发生了什么?"小奇有些抓狂了。

"Unbelievable(难以置信),unbelievable!"慕华也难以相信这是真的。

三个小伙伴正惊讶着,左右两队人都已经继续赶路了。右边那人走过小奇时,尽管看他的眼神依旧有些奇怪,但还是礼貌地轻轻点了一下头,表示谢意。刚刚受惊的马此时已经平静下来,只是和小奇擦肩而过时,一股独特、若有似无但并不令人愉快的气味直冲过来,小奇不禁皱了皱眉,暗道:"什么东西这么臭?"刚想问问小妙、慕华是不是也有同感,就听到小妙说:"我看,咱们这会儿估计也找不到答案,眼前最重要的是,赶快找个地方吃点东西,然后休息一下。"小奇也觉得饿得慌,赶紧附和:"对,还是吃点东西要紧!"

于是三个小朋友带着杰瑞,去宋代的东京城里寻找美食。

第六章　被捕

通往东京城的道路上，不时有人或牵着马、或推着车从身边经过，而且越靠近城门越热闹。慢慢地，三个人的心情也明快了很多。

"王小妙、王小奇，你们能给我介绍一些关于宋朝和东京的知识吗？"慕华问道。

"这个啊，你可真问对人了，我姐姐可是学校里有名的小历史学家。"小奇顽皮地看着小妙。

"历史学家可不敢当,不过,对于宋朝的历史,我还是知道一点的。"小妙眨巴着眼睛开始介绍,"宋朝是中国历史上非常重要的一个朝代,是中国古代历史上经济、文化教育与科学创新高度繁荣的朝代。有研究认为,宋朝时中国的GDP占世界GDP的60%,为各朝代第一!特别是文化,不管是书法、绘画、雕塑还是艺术家的数量,都是古代历史上的新高峰!你看……"小妙说起宋代,有点滔滔不绝。

"王小妙,之前那个人说现在是大宋宣和二年,这是什么意思啊?"慕华打断小妙。

"慕华,在宋朝,人们是不用公元纪年的,人们用的是皇帝年号纪年。宣和是宋徽宗的一个年号,换算成公元纪年,应该是公元1120年。"

"你是说现在是公元1120年？我们从2024年来到了1120年？"慕华对此感到很惊讶。"那东京在中国哪里呢？"

"在宋朝，开封作为首都，称为东京，也称为汴京，相当于我们现在河南开封这片土地。这是当时世界上最繁华的城市。《清明上河图》描绘的就是当时东京及汴河两岸的自然风光和繁华景象。"

听到小妙说起《清明上河图》，慕华脑子里顿时呈现出她看了无数次的画面（当然，是资料啦！）：郊外，有马帮赶着驼队运输货物，有羊圈圈养着肥美的羊儿，有娶亲的队伍热热闹闹，还有……慕华正伸长脖子寻找画中的原型，就听小奇说："小妙、慕华，你们看，这里大概就是东京城的城门了,我们就要走进东京城了。"小妙和慕华抬头一看,果然,一座雄伟的城楼正矗立在他们面前,城楼上写着"景龙"两个大字。

"我记得爸爸说过,东京城的北大门就是景龙门,应该就是这座城楼了。"小妙庆幸自己平常喜欢学习历史。

小奇走得最快,眼看就要走进东京城,突然一把寒光闪闪的大刀"咻"地一下横在面前。

小奇吓了一跳,还没回过神,就听到一个威严的声音:"来者何路?"小奇抬头一看,原来是一位威武的宋朝卫兵拦住了他们。

"哪条路?啥意思啊?宋朝人好奇怪啊,不问你住哪个城市,直接问你来自哪条路。"小奇一下子就被问傻了。"我们家住在武林路。"

"武林路?"卫兵也一下子有点找不着北:"武林路是何处?未曾耳闻!"

"武林路是杭州一条很有名的马路啊!"小奇赶紧说明一下。

"杭州?杭州分明属于两浙路,怎是武林路?休得胡言!"卫兵顿时眉毛横斜。

小奇已经完全听不懂士兵的话,"路都是属于城市的,怎么杭州属于两浙路?这是一条多大的路啊,整个城市都属于这条路?是环城高速公路吗?"

看到小奇和士兵"鸡同鸭讲",小妙赶快凑上前去说道:"这位大哥,我们是来自两浙路的杭州府。"

"你在说什么啊,小妙?"小奇已经

非常蒙。

"小奇，宋朝的路是一个行政单位，大概相当于现代的省。宋朝的杭州属于两浙路，你可以理解为两浙省。"小妙笑着给小奇解答。

"杭州府啊！千里迢迢来东京所为何事？"卫兵似乎并没有想放他们进去。

"我们来东京……"被卫兵这么一问，小奇有些茫然了。对啊，现在来东京干什么呢？他自己也不知道到底来东京干什么。到博物馆是想解开玉坠的谜团，然后顺便看一下《清明上河图》……想到这里，王小奇就随口回答："我们就是来看看《清明上河图》的。"

听到这里，卫兵的脸顿时如冰般凝固，用冷峻的目光又将三个小朋友从头到脚打量了一番,喝道:"站着别动!"并跑到一位将军模样的人面前,低声向他耳语。

那将军模样的听完汇报,来到三人面前细细观察,且不说三人的"奇装异服",单看他们的头发:小奇一个短短的小平头,小妙说长不长的马尾辫,更有那慕华一头金灿灿的卷发,不但不合礼法,更是说不出的奇怪。那将军眼珠子一转,大喊一声:"来人!把他们几个给我绑了。"

说时迟,那时快,还没等三个小朋友反应过来,几个官兵就拥过去,将他们五花大绑起来。

"凭什么绑我们,大宋朝还有没有王法了?"小奇急得喊了起来。

"尔等就是罪犯,才要绑了!"那位

下令的将军冷冷地说道。"来呀！将他们押到开封府听候发落。"

三个人被关在一辆囚车里，狼狈不堪。此时的杰瑞倒十分淡定，卧在小奇的包里，一动不动。如果说莫名其妙来到东京城已让孩子们够诧异了，那坐着囚车进城这段，怕是再好的编剧也写不出这样的剧情。

"小妙，是不是你说错话了啊，为什么他们要绑我们？"王小奇生气地问道。

"不会啊，我就说咱们是两浙路的，难道凡是两浙路的人，都要被绑？"小妙也是一脸的不解。

"难道是……因为你说了《清明上河图》……所以被绑了？"慕华吓得说话都哆嗦了。

"好奇怪的大宋朝啊。"王小奇大声喊着。

不一会儿,囚车停下了,卫兵押着三个小朋友走进一间大房子,不由分说地押着他们跪在地上。只见这间屋子极为宽敞,高约丈余,长约十丈,屋子里一张硕大的桌子,桌子上有一块大牌匾,上面写着"明镜高悬"四个大字。屋子两边各摆着一排明晃晃的大刀,光可鉴人,看得孩子们直吐舌头。

慕华悄悄地问:"这些刀是处罚犯人的吗?"

小奇:"当然!这就叫威慑!"

"可是,我看包青天的电视剧的时候,包大人都是用铡刀啊,好像还有三个,是什么猫?牛……"

"哈哈哈哈"小奇听了，不禁放声大笑，说："看来中国的包青天也是世界的包青天啊！老师的那句话真是没错：民族的才是世界的。来，小妙，你学富五车，给我们的国际友人好好说说。"

"咳咳，"小妙清了清嗓子，"说到这个啊，我真的要好好絮叨絮叨。说是包大人有三把专门惩处恶人的铡刀，一个是龙头铡，一个是虎头铡，还有一个是狗头铡。皇亲国戚犯了死罪，就用龙头铡砍头；官员犯了死罪，就用虎头铡；一般老百姓犯了死罪，就用狗头铡。'咔嚓'一下，身首异处。慕华，你看的电视剧是不是这样啊？"

"对，就是这样！"

"历史上确有包拯其人，他廉洁公

正,铁面无私且英明决断,敢于替百姓伸张正义,特别受百姓的爱戴,所以民间流传着好多关于他的传说!三把铡刀就是其中的一小部分。"

"是这样啊,我一直以为这都是真的呢,没想到是真人假事啊!"慕华恍然大悟。

正在这时,门口传来"咚咚"的鼓声,随后好多人走进屋子,站在两侧。他们一个个面容威严,目光冷酷,手里都握着一根棍杖。小奇还没回过神,就见一个人戴着官帽,穿着官袍,来到房屋最中间的位置上,拿起桌子上的一块木头,用力一拍,大喊一声"升堂",巨大的声音好像把房屋震得左摇右晃。

"升堂"的话音刚落,两侧的府衙将

手里的棍棒跺得声响。

"堂下何人？"那个当官的粗声粗气地问道。

"我们是中国人。"小奇回答。"不，有一个美国人。"

那官员一愣，随即大喝一声："一派胡言！"面庞因为生气涨得通红。

"这个人穿着紫色官服，在宋朝应该是四品以上的大官。我估计，他就是开封知府。"小妙小声告诉小奇。

这边小妙还没说完，那边知府大人又开始发问："尔等三人？可有其他同党？"

"就我们三人……"还没说完，小奇扭头一看，发现杰瑞不见了，立刻补充道，"不对，知府叔叔，我们还有一条狗。"

"砰！"知府大人听到还有一条狗，显

然气急了，那通红的脸竟渐渐呈现出一点官服的紫色来，把惊堂木使劲一拍，屋子似乎都快被震塌了。"休得戏弄本官。"

"没有啊。真的还有一条狗，叫杰瑞，刚才还在。估计是卫兵抓我们的时候跑丢了。"小奇一脸认真地回答。

小奇还一再说狗，这位知府大人更是气不打一处来，那脸色由红到紫，现在又由紫转青，厉声说道："堂下小儿，休得狂言，犬乃禽兽，怎可并论？！我且问尔，尔等要看《清明上河图》？"

"《清明上河图》？准确地说，我们已经看过《清明上河图》了，只是才打开就来你们这里了，实在没看清楚。不过，各种资料我们还是看了不少的！我这么说吧，我们不是宋朝人，我们来自九百年以后。当然,我们也不知道怎么会来到这儿,只是既来之则安之,我们索性看看宋朝的《清明上河图》是什么样子的,是不是和九百年以后那幅一模一样。"小奇不知轻重,说得却头头是道。

知府大人气得差点一口老血喷出,"一派胡话,一派胡言!尔等装束,确非我大宋之人,实乃窃贼无疑!来啊,将三人押入大牢,明日再审。"

"威——武——"

还没等小奇他们反应过来,几个衙役就拖着他们离开了大堂……

第七章　生死攸关

"啪""啪""啪",三个小家伙被衙役扔进了牢房。

昏暗的牢房潮湿极了,浓烈的霉味让他们忘记了疼痛,恶心得连连反胃。好不容易缓过来,小奇不禁问:"小妙,你说这是做梦,还是真的啊?"这样的遭遇,"大侦探"小奇也是头一遭。

小妙用力地打了一下小奇,小奇叫道:"干吗打我?"

"疼吗?"

第七章 生死攸关

"你说呢？能不疼吗？"

"疼就好！"

"啊……疼！为什么拧我？"小奇又叫了起来。

"疼就好！疼就好！"

"看来不是梦境，我们是真真实实地在宋代的牢房里了！"小妙喃喃道。

"哇哦！好酷啊！"慕华有点没心没肺。

"还酷啊？"双胞胎叫道。

慕华不好意思地吐了吐舌头。

"当务之急，我们要想办法出去，和知府叔叔说明情况。"小妙说。

可怎么才能出去呢？三个小伙伴一时手足无措。

"狱卒叔叔，狱卒叔叔……"三人大

叫。狱卒大摇大摆走过来，呵斥道："嚷什么嚷！再嚷，看我如何收拾你们！"说罢，扬了扬手里的皮鞭。

"叔叔，您听我解释，我们是来自九百年后，我们不是小偷，不是窃贼……"

"九百年后？哈哈哈哈！"狱卒不等他们说完，便哈哈大笑起来，"告诉你们，俺也有九百岁，你们信不？休得胡言，安生待着，让大爷睡个觉！"说罢，恶狠狠地瞪了他们一眼便离开了。

解释无望，三个小家伙陷入绝境！

"杰瑞去哪儿了？"小妙问。

"是啊！"小奇和慕华这才想起杰瑞。

"赶紧拿出定位仪！"

慕华从包里掏出定位仪，可惜屏幕上

一片黑暗。"该不会出事了吧？"小妙有点担忧。慕华也预感不妙。

就在这时，小奇叫道："看，这是什么？"只见屏幕的最下端出现了一个极其微弱的红点。"慕华，定位芯片只给了杰瑞，是不是说杰瑞还活着，而且就在咱们附近？""是，爸爸和我说过，芯片和定位仪是配套的。"

"活着就好，活着就好！"王小妙欣慰地说。

红点忽灭忽亮。小奇说："不行，我们得想办法告诉杰瑞我们在哪里。"

"小狗的嗅觉最敏锐，可能是牢房里的味儿太大，离得又远，杰瑞闻不到我们……"

"我有办法了！"小妙说，"早上出门

的时候，我给杰瑞准备了它最喜欢的肉条。"小妙说着从口袋里掏出肉条。"我带了小型的无人机，"慕华从鼓鼓囊囊的背包里掏出了一个纸盒，"我们把肉条系在无人机上，再把它从窗户里飞出去，飞到杰瑞那里把杰瑞引过来。"小奇若有所思地说，"怎样才能让无人机飞向我们视线外的杰瑞呢？"慕华笑而不语。不一会儿，无人机载着肉条和小伙伴的希望出发了。

话表两边。灯下，师爷给知府出着主意。

"此次计划老爷部署已久，朝廷也格外重视，可谓环环相扣、天衣无缝，要是因为这几名来路不明的小儿有半点闪失，那你我可就是千古罪人啊，又如何对得起皇上的托付？"师爷语重心长地说。

"师爷所言又何尝不是我所虑，唉！"知府道。

"老爷，不是我狠心，为了大宋江山社稷，这几名小儿断断留不得啊……"师爷暗生杀机，做了一个抹脖子的手势。

知府沉思片刻："罢罢罢！此非常时期，小心为妙。来呀……"

就在三个小朋友盯着屏幕寻找杰瑞之时，牢门被"哐"的一声打开，狱卒恶狠狠地推搡他们出了牢房。

"狱卒叔叔，你要带我们去哪里？"小奇问，"难道查明真相，知道我们不是坏人了？是不是要放了我们？"

"哼！休要多言，到了便知。"狱卒瞥了一眼道。

三个小朋友随着狱卒来到了先前审他

们的大堂，只见门口立着一个彪形大汉。他周身杀气，身着红衣，袒露着右肩，头上还戴着一顶红色软帽，帽下，长满横肉的脸上嵌着一对铜铃般的大眼，恶狠狠地盯着王小奇三人，手里执一把明晃晃的大砍刀，仿佛是随时要落下。小奇、小妙顿时大惊失色，一屁股跌坐在地上，一时间恐惧压倒了理智，平日灵敏的大脑一片空白，不知如何是好，只是互掐着手问："到底是真是假？也许，也许……就是个梦吧？"而慕华呢，早已觉得腿里注满千斤重物，别说一步，哪怕半步也移动不得！

那大汉见这般情状，眉头一皱，喝道："小儿，休得拖延，赶快吃上一刀，十八年后又是一条好汉！"

第八章　遇到阿郎

难道就这样丢了性命？

关键时刻，王小奇虽然害怕，倒也冷静，记起古装剧中，犯人行刑前总要吃上一顿饱饭，便大叫："狱卒叔叔，砍我们可以，不过我们可不能做饿死鬼啊！"

狱卒听了不禁一愣，喃喃道："只顾着要砍要杀，倒把这程序忘了！"

小妙、慕华不解，问道："小奇，你葫芦里卖的是什么药啊？"

小奇伸出一个手指头，说："拖！"

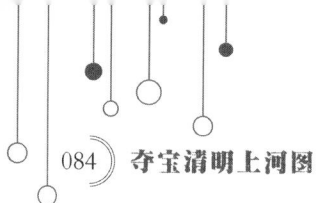

"这有用吗?"

"我也不知道!"小奇心里也没有底,不过,只要有时间,就有希望。

就在三个小伙伴一筹莫展之时,一个矮矮的身影在他们面前略略停留便一闪而过!

狱卒送来的饭菜,三个小朋友哪吃得下。狱卒也不搭理他们,自顾自地算着时间,还没好气地说道:"此时不吃,到了黄泉路上可只能喝汤啦!"

"喝汤?黄泉路上有什么汤?"小奇试着和狱卒搭话,继续拖延。

狱卒好像意识到了什么,大怒道:"孟婆汤!"接着,也不让三个小朋友吃饭了,大叫:"时辰到!砍!"

"威——武——"

狱卒押着三人就要行刑。

"我的侦探事业都还没开始呢……"
"爸爸妈妈,你们在哪里?""我们不能就这么稀里糊涂地丢了小命!"三个小朋友乱作一团,也哭作一团。

在这千钧一发的时刻,突然传出一个稚嫩却威严的声音:"把他们三个都给我放了。"

小奇循着声音看去,看到一张十分陌生的面孔。他仔细回想,可就连在梦中也没见过。再仔细看,原来这个陌生人也是一个和他们一般大小的少年,身着一件红色的锦袍,头上梳着一个发髻,包着与锦袍一色的头巾。

"这个人为什么要放我们啊?难道是我宋朝失散千年的兄弟?"小奇心里嘀咕

着,"不管这么多了,既然他肯放我们,就赶快逃离这里。"小奇赶快起身,和王小妙、慕华一起跑到少年身边。

说来也奇怪,刚才凶神恶煞的狱卒见到少年顿时服服帖帖,低眉顺目,连声说:"是,是,是!"急急忙忙给三人松绑。

那个少年什么也没说,带着小奇三人离开刑场,上了几顶已经备好的小轿。没多久,轿子停下。几个人下了轿子,跟着这个少年,曲里拐弯,在一个院子里穿行,不一会儿,进了一个房间。

刚进房间,一个熟悉的身影就向小奇迅速扑了过来。小奇似乎知道是怎么回事了,他大喊一声:"杰瑞,是你找的救兵吗?"

王小妙和慕华也都惊喜地围过去,高

兴地抚摸着杰瑞。慕华赶快拿出追踪器，打开电源，这次，信号强烈地一闪一闪发出光亮。"原来这东西在宋朝也有用啊。"慕华开心地笑道。

"各位安好，我就放心了。"

听到这句话，三个小朋友才想起，屋子里还站着那个陌生少年。大家赶快转过身，向他表示感谢："谢谢你救了我们，请问如何称呼？"王小奇问道。

"大家叫我阿郎好了。你们先不要急着谢我，应该是我谢谢你们。"

听小男孩这么一说，大家都有点发蒙：明明是他救了大家，还找到了杰瑞，为什么他反倒要谢谢大家。

看着大家有点丈二和尚摸不着头脑的样子，小男孩接着说："大家还记得今天上

午在东京城外的事情吗?"

"今天上午?"王小奇很奇怪。

"对啊,今天上午在东京城郊,一匹马受惊后乱跑,差点撞上一顶轿子。幸好你们的小狗冲了出来,制服了惊马,避免了一场灾祸。"

"那这个和你有什么关系呢?"王小奇问道。

"我就是那个坐在轿子里的人。所以,应该是我要感谢大家。"

"原来是这样。你怎么知道我们被抓?又是怎么找到杰瑞的?"小奇心头的疑问依然有很多。

"这要感谢你们的神犬啊。"小男孩笑眯眯看着杰瑞。"今天下午,我正在房间里读书,就觉得有东西在蹭我的腿。低头一看，是只小狗。我抱起小狗仔细端详，发现竟然就是上午在东京城外救我的神犬。"

"你也好厉害啊，居然还认得我们家杰瑞。"王小奇抱着杰瑞朝小男孩走过去。

"我从小就有过目不忘的本领，四书五经什么的，我看一遍就能记住。你家神犬上午救过我的命，我当然能记住了。"

"难道是杰瑞告诉你我们被抓了？"

"我看到神犬后，就琢磨，为何它会单独跑到我这里，为何不和你们在一起。"正想着，这只神犬就飞快地往屋外跑，并且招呼我跟过去。我一路跟着它来到了景龙门，它冲着卫兵一直叫，我就问了卫兵，是不是今天发生了什么事情。然后，就知道你们的遭遇了。"

"那你是怎么让狱卒放了我们的啊?"

"实在抱歉,今天抓各位的知府,正是我的父亲,我在这里代他向大家道歉。"小男孩给大家鞠了一躬。

"原来你是知府的儿子啊,难怪这些狱卒都听你的。"

"那些狱卒怎么肯听我的呢。"小男孩笑道,"是我找到父亲,告诉了你们救我的事情,并保证你们不是坏人。是他下命令放了你们的。"

说完,小男孩拍了两下巴掌。外面走进好几个人,每个人手里都端着一个大木盘。小男孩拉着王小奇说:"我猜你们已经很饿了,我特意准备了一些酒菜,请大家不要嫌弃。"

小男孩这么一说，大家才想起，吃完早点到现在没吃过东西，肚子早就饿得咕咕叫了。刚才因为紧张，都没想起这茬，现在放松了，才发觉已经很饿了。大家赶快上桌，看着一道道样式精美的菜品，闻着浓郁的香气，一个个都食欲大开。

"这是东坡肉，是你们杭州的名菜哦，多吃一点。"小男孩热情地给大家夹肉。

"哇，宋朝就有东坡肉啊！"小奇嘴里塞满了肉。

"苏东坡本来就是宋朝人，宋朝当然就有东坡肉了。"小妙一边说，一边给慕华夹菜。

"这个东坡肉，我觉得比妈妈做得好

吃。"小奇已经吃得满嘴淌油。

"你就是个吃货!"小妙不屑地瞪着小奇。

"阿郎,你爸爸为什么要抓我们啊?"小奇终于问到正题了。

"因为《清明上河图》。"

第九章 失窃

几个人围坐一桌，边吃边聊。

"几日前，父亲得到一个消息，有人打算行窃我大宋朝的宝贝——《清明上河图》。所以，最近这段时间，东京城加强了检查，因为你们说看过《清明上河图》，所以就被当作嫌犯抓了。"

"难怪啊，我说怎么不问青红皂白，就把我们关进大牢了。"王小奇打着饱嗝说道。

"难道你们真的见过《清明上河

图》?"

"当然了……"小奇顿了一下,"这个你可能无法理解,我们不是宋朝人,我们看的不是宋朝的《清明上河图》。"

"你们不是宋国人?难道你们是辽国人?"阿郎的脸色一下子变得非常紧张。

"我们也不是辽国人。我们是……九百年后的人。我不知道该怎么和你说,我们是在九百年后看到《清明上河图》的。"小奇觉得,这根本没法说明白。

"这……"阿郎也彻底蒙圈,说不出话了。

"辽国是哪个国家?"慕华在一旁问,也算转移了话题。

"辽国在宋国北面,是中国古代北方的一个游牧民族契丹族建立的。在北宋时期，辽国经常和北宋发生战争。"小妙向慕华解答。

"难怪阿郎提起辽国人的时候，脸色都变了。"慕华若有所悟。

"不错，辽国与我大宋长年敌对，所以我们对他们特别提防。"阿郎见大家都有些疲惫，接着说道，"夜色已深，大家还是早些休息，有什么事情，咱们明天再谈。"说罢，请家中仆人带着三个小朋友各自休息。

夜晚，暑气渐退，微风拂来，很是惬意。看着窗外的明月，独住一间房的王小奇思绪万千。早上从家里出发，晚上竟然住在了北宋的东京，这是多么不可思议啊！人生有这样的际遇该是多么幸运。可这么久不回家，爸爸、妈妈该着急了吧。

还有，我还回得去吗？"一时间，各种滋味涌上心头，他想去和小妙、慕华说说自己的欣喜和担忧。无奈一天折腾下来，身子沉重到让他迈不动腿，渐渐地，就在这五味杂陈里进入了梦乡。

也不知道过了多久，小奇被一阵吵闹声惊醒，他睡眼惺忪地走到门口，想看一下发生了什么，突然阿郎从大门里冲了进来："大家赶快起来，有小偷闯进院子，烧了库房。"

"啊？！那赶快去救火啊！"小奇鞋还没穿好，就往外面跑。

"大家不用担心，家丁们已经开始扑火了，火势看上去不大，应该很快能扑灭。"

"你说这小偷好奇怪，既然要偷东

西，就应该悄悄地偷，干吗要弄这么大动静？"小奇揉着眼睛说道。

"对啊，我也有些奇怪，偷就偷呗，为什么还要放火烧了库房，而且这库房堆的全是些日用杂物，值不了几个钱。难道……难道……要掩盖什么痕迹？"阿郎也有点疑惑。

"能掩盖什么痕迹呢？哦，说不定他怕留下指纹、鞋印什么的！"小奇一拍大腿说道。

"什么是指纹啊？"阿郎满脸黑线。

"就是指头的……嗨，说了你也不明白。难道他不想让别人发现库房里丢了什么？"

"失火库房是府中最无关紧要的一处库房，绝无特别之物。"

"那就有意思了,他不会无缘无故放火。"看着所有人都冲向库房救火,王小奇忽然想到了什么,说道,"我猜小偷要声东击西。"

"声东击西?"

"对。库房在院子什么位置?"

"在西边。"

"那院子的东边是什么?"

"哎呀!是书房!"阿郎忽然一惊,"我知道小偷想要什么了,赶快去书房。"

阿郎带着王小奇,后面跟着杰瑞,急忙往书房跑去。

知府家的院子很大,与院子西边救火的热闹不同,越往东跑越冷清。

"小奇,我想你猜的是对的,小偷的真正目标应该是东边的书房。"阿郎边跑边说。

"阿郎,这个书房里藏着什么宝贝啊?"

"很重要的东西,去了你就知道了,但愿还没被偷走。"

"既然放着重要的东西,为什么不派人守护呢?"

"平常夜间都有人值班守护的。今天这不因为库房着火嘛,值班的人也被调去救火了。"阿郎又加快了脚步,"快点,很快就到了。"

跑了几分钟,两个人终于看到书房了。从外面看,一切都很正常,房门和窗户完好无损,也没听到任何响动。

"或许是我猜错了。"小奇的话音未落,书房忽然房门大开,一道黑影从里面

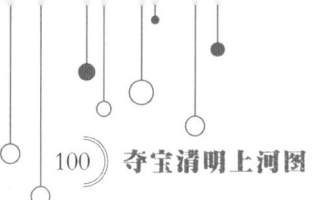

飞出。

"抓飞贼!"阿郎大喊一声,立即冲了上去。

那个黑影从两个人身边掠过,速度很快,应该是一位轻功非常了得的高手。

眼看这人就要逃脱,杰瑞奋力跃起,前爪伸向黑衣人的面罩。就这么一瞬间,那人稍有停顿,阿郎和小奇赶快扑上去,想抓住他。可是两个小朋友完全不是这人的对手,黑衣人稍一挣脱,便已离他俩数丈之遥。他无心恋战,一个蹬步,消失在漫漫黑夜。

这个时候,王小妙和慕华也来到了书房外。

眼看盗贼无法擒获,大家赶快跑进书房,看看宝物有没有丢失。阿郎此时已面

色煞白,双腿止不住地颤抖,好容易才挪到一个书柜前,按住一个花瓶,咬牙用力逆时针拧了一下。书柜背后出现了一个暗柜。阿郎哆哆嗦嗦地拿出暗柜中的盒子,打开一看,长叹道:"唉,果然被偷走了。"

王小奇凑上去,看到盒子里什么都没有,忙问:"到底是什么东西丢了啊。"

"现在告诉你们也无妨,是《清明上河图》。"

第十章 追踪飞贼

《清明上河图》丢了,最不愿意发生的事情还是发生了。

"完了,完了,这下我家要遭大难了。"阿郎沮丧到了极点,作为家里唯一的男孩,他为家族的生死担忧着。

"这幅画对你家很重要吗?"

"这幅画是皇上赏赐给我家的,体现了皇帝对我家的关怀。再过三天,皇帝会私访我家,按照规矩,我们应该在大堂展示这幅画,以表明我们对皇恩的感激。

可现在我们把皇上的恩赐弄丢了,这可是大罪,父亲职位不保不说,弄不好全家还要被放逐到蛮荒之地,可怜我娘身体不好……"

"这么严重啊!"王小奇两眼发直。

"那我们想办法把画找回来!"王小妙说。

"我更担心的是,我们公开去追捕盗贼,万一把他逼急了,为了逃脱追捕,把画烧掉,那我们家就更无法脱罪了!"

"这个你放心,画肯定没被烧毁,会好好地保存着。"王小奇拍拍阿郎的肩膀。

"你怎么知道的?"

"我不是告诉过你,我们来自九百年后吗?九百年后,这张画仍然存放在博物馆。"

阿郎对王小奇九百年后的言论似信非信。不过，当下阿郎也无心解谜，他最关心的是如何找回画作。"那你有什么办法找到这幅画吗？"

"这个……我可能还真有办法。"小奇得意地说道。

阿郎两眼放光："赶快告诉我。"

"不是之前咱们抓那个盗贼时被他挣脱了吗，我在接触他的一瞬间，给他衣服上贴了一块跟踪芯片。我可以用我的定位仪器定位他。"

"定位芯片是什么东西？"阿郎又是一脸黑线。

"此芯片为一种特殊芯片，可以和接收器直线联系。现在时间紧迫，反正我们有可能找到他的。"王小奇从口袋里拿出慕华的定位仪，打开电源，屏幕上出现了两个红点。"你看，这是我们的位置，这个离我们很近的红点，就是杰瑞，我给它也装了芯片；这个远一些，而且移动的红点，就是那个盗贼。根据这里的数据，他离我们大约一千米，在西南方向。"

"一千米是多远啊？"

"一千米相当于大宋朝的两里多。咱们要赶快去追，等他跑远了，仪器就跟不到了。"王小奇招呼着大家赶快追击。

阿郎赶快叫了几个武功好的卫兵，还特意给小奇、小妙、慕华换上卫兵衣帽，一行人趁着夜色，迅速走出大院，按照仪器，向西南方向追去。

那红点一点一点移动，跑了二十多分

钟，突然定住了。

"估计盗贼已经到了住处。太好了，咱们赶快追过去，争取抓住他们。"小奇兴奋地说道。

大家又走了大约五分钟，按照追踪器数据，已经到了红点附近。放眼望去，这里是一处极不显眼的小宅院。红点一直定在那里不动。

"盗贼应该就在这里面，咱们现在悄悄进去，争取人赃俱获。"阿郎吩咐卫兵。

几个轻功好的卫兵飞过院墙，打开院门，大家悄悄溜了进去。

第十一章　线索

院子里很安静，小奇几乎能听见自己心跳的声音。一股难闻的味道飘进小奇的鼻子。小奇赶快捂住鼻子，他觉得这个味道有点熟悉。

追踪器数据表明，大家离红点越来越近了，10米，5米，2米……大家冲进一间屋子，定睛一看，却是空的。

"王小奇，你不是说人就在屋里吗？"阿郎有些失望。

"对啊，你看，追踪器这里表明，芯

片就在屋里。"

"我要的是人是画,不是芯片!"阿郎有些急。

"可是,追踪器表明……"王小奇不解。

这到底是怎么回事?难道是芯片失灵了?抑或是追踪器出了故障?正在小奇不知所措的时候,一向仔细的小妙从内屋走了出来,手里还拿着一件黑衣。

"你看,这是什么?"王小妙举起衣服。

"这应该是那个盗贼穿的。"阿郎对于见过的东西过目不忘。

"我明白了,因为我只是把芯片粘在衣服上,他换了衣服,所以我们找到的是芯片的位置,但不是他的位置。"小奇终于

找到了答案。

可是盗贼已跑,线索难道就这样断了?

"别灰心。虽然人跑了,但既然他把衣服扔到这里,这里肯定和他有联系。我们仔细搜搜,看看有什么新线索。"小奇提醒大家。

"对!"大家一经小奇提醒,都分头找了起来。

可是盗贼把这屋子整理得空空荡荡,除了一件夜行衣被落下,似乎没什么有价值的线索。

这时候,有卫兵报告,屋后发现一个马厩。大家赶快走出屋子,看到屋后果然有几匹高头大马。"我估计这里只是他们的一个中转站,他们平时在这里饲养马匹,

第十一章 线索

交换信息,真正的老巢一定另有他处,否则不会不留痕迹!"小奇认真分析道。

这时候,杰瑞忽然对着一匹马"汪汪"直叫。小奇仔细看去,这时候,那种难闻的味道又飘进王小奇的鼻子。小奇恍然大悟:"我们恐怕早就见过这些盗贼了。"

"早就见过?"阿郎不解。

"对,还记得白天那匹差点撞到你的马吗?"

"你是说这匹马,就是白天撞我的那匹?"阿郎将信将疑。

"没错,这就是那匹差点撞翻你轿子的马。所以杰瑞见了它,就一直不停地叫。"王小奇走近马,指着马的颈部说:"你们看,这里还有杰瑞白天撕扯留下的

痕迹。"

"那你能确定这匹马就是那个盗贼的吗?"阿郎问道。

"没错。我一进院子就闻到了一股难闻的味道,这味道就是从这匹马身上发出的。白天这匹马经过我的时候,我就注意到了这个味道。后来,在房间里,我们找到夜行衣,你们闻,这衣服上也是这个味道。这就说明,这匹马就是那个盗贼的。"

"而且,我敢确定,盗贼就是辽国人。"小妙说道。

"有什么证据?"阿郎问。

"你们看这只马掌,上面刻着契丹文字呢。"王小妙说道。

"果然还是辽国人干的。虽然我们知道了盗贼,并找到了他的马,但人已经跑了,怎么找到他呢?"阿郎急切地问道。

"有马,就能找到人!"小奇笑道。

"为什么?"

"这些马肯定都是辽北草原最好的马匹,它们对主人非常忠诚,只要把马放开,它们就能找到主人。"

"对,老马识途!我知道这个成语。"慕华也不失时机地卖弄了一下自己的汉语。虽说不是时候,可大家紧张的神经倒多少也得到了些安慰。

"那我们要是大队人马跟着马匹,不就惊动了辽国人?"阿郎有些担忧。

"我有跟踪芯片啊。"王小奇笑道。

小奇赶快把一块芯片贴在那匹马身上,然后把马放走。大家和马保持着距离,看着追踪器,悄悄跟在马后。

大家跟着马,穿梭在东京城。大约过了半个时辰,那红点停下了。

"我估计马找到主人了。"

大家赶快追了过去,前面似乎是一处很大的宅院。夜色中,围墙内楼阁高耸,大树参天。尽管光线不明,仍可清晰地感受到巨大建筑物的威严。

"我估计,辽国人这会儿就在这里。咱们这就冲进去捉拿他们。"小奇急于破解谜团,一展"大侦探"的身手。

"不。咱们不能进去。"阿郎斩钉截铁地说道。

第十二章　迷失金明池

眼瞅着强盗就在眼前的大院子里，马上可以人赃并获，然而阿郎却阻止了小奇他们。这是为什么呢？

"你们看这个大匾，"阿郎边指边说，"金明池乃皇家园林，其中建筑，四周环水，池中可浮大船，如遇战时，更可点兵演练！"

"天哪，没想到真实的金明池就在眼前啊！"小妙感叹。

"此话怎讲？"大家不解。

"小奇,你还记得有一年爸爸带我俩去开封玩,就游览过金明池。"

"我……实在不记得了。"小奇挠着脑袋,讨好地看着小妙。

"爸爸说,金明池周围九里三十步,中有仙桥,桥面三虹,朱漆阑楯,下排雁柱,中央隆兴,谓之骆驼峰,若飞虹之状。桥头有五殿相连的宝津楼,位于水中央,重殿玉宇,雄楼杰阁,奇花异石,珍禽怪兽,船坞码头、战船龙舟,样样齐全。每年三月,金明池春意盎然,桃红似锦,柳绿如烟,花间粉蝶,树上黄鹂,京城居民倾城而出,到金明池郊游。金明池内还遍植莲藕,每逢阴雨绵绵之夜,人们多爱到此地听雨打荷叶的声音。雨过天晴,万物清新,更有一番新气象,故有'金池夜雨'之称。桥尽处，建有一组殿堂，称为五殿，是皇帝游乐期间的起居处。北岸遥对五殿，建有一'奥屋'，又名龙奥，是停放大龙舟处。仙桥以北近东岸处，有北面的临水殿，是赐宴群臣的地方。金明池园林风光明媚，建筑瑰丽。明崇祯十五年（1642年）大水后，池园湮没……"

小妙不说不打紧，这一说可直接说蒙了阿郎，秒变"十万个为什么"：

"崇祯十五年？""金明池被水淹没？"

面对阿郎的"十万个为什么"，小奇无力招架，便给慕华使了个眼色。慕华倒也伶俐，马上岔开话题，说："我说各位，你们说的我都听不明白，不过，我觉得我们得赶紧抓强盗，夺回宝贝《清明上河图》……"

阿郎一听,注意力顿时被拉回:"这位碧眼姑娘所言极是!不过,金明池真不是我们可以随意进入的。"

"为什么?"众人齐声问道。

"其一,金明池乃皇家重地,只在三月初一至四月初八向百姓开放,其余时间,决不可踏入半步;其二,该地水域开阔,小径密布,因要演兵,更是设有重重机关,稍有不慎,便有杀身之祸!其三,如此大的区域,漫无目的地寻找,实乃大海捞针。万一打草惊蛇,导致宝图有损,更是事大。"

那可怎么办?难道就此罢休,眼睁睁地看着《清明上河图》落入他人之手?

就在大家为难之际,杰瑞不失时机地

叫唤了几声。

王小奇似乎明白了什么，说："既然不准我们进去，那我们便不要进吧。不过，皇帝可没有说过不让狗进啊！"

"对啊，杰……瑞乃神犬，聪慧异常，定可担此重任！"阿郎附和。小妙和慕华也觉得这不失为一个办法。

"杰瑞啊，虽然平时我老想找你的麻烦，可是，你也知道，那都是闹着玩的，来，我们做个爱的抱抱。"说罢一把抱起杰瑞，又亲又摸，大家都以为是小奇煽情，其实小奇借着抱杰瑞，将嘴凑到杰瑞的耳边，悄悄地说："金明池是军事重地，千万小心，如遇危险，保命要紧！"

杰瑞眨巴着水汪汪的大眼睛，咧出一抹微笑，镇定而自信地叫了两声"汪，汪！"似乎是说"遵命！"便头也不回地跑进深深的庭院。

院外的小朋友焦急地踱来踱去，脚步里，写满担心：担心杰瑞出事，担心强盗无法抓获，担心《清明上河图》丢失……

院内，杰瑞满载重任，借着夜色，追踪强盗的藏匿之处：似乎有熟悉的味道飘过，可是水网密布，处处受阻……

时间流逝，东方渐渐出现光亮。等天都亮了，很多事情便不好办了。大家越发焦虑！

又过了一会儿，杰瑞终于出现了。只见他浑身湿漉漉的，满身疲倦。小奇欣喜若狂地抱起杰瑞，上下前后左右仔细打量，喃喃道："没事就好，没事就好……"小妙和慕华看到杰瑞平安归来，也长舒一口气。

和他们相比，阿郎更在乎杰瑞的收获，说："杰瑞神犬，此番追踪，可有所得？"

只见杰瑞挣脱小奇的怀抱，跳到众人中间，口中吐出一片树叶。

一片树叶？对，大家没有看错，就是一片树叶！

一片树叶就能找到强盗？

第十三章　寻求帮助：张择端

"杰瑞，这一片树叶是什么意思啊？"小奇不解，"能不能再多给点提示……"可是，此时的杰瑞实在是累得筋疲力尽了，趴在地上沉沉睡去。

阿郎见状，顿觉失望，不禁担心起自己和家人的安危，竟不顾身份地一屁股坐在地上，"呜呜"地哭了起来。

小奇赶紧安慰道："阿郎，男儿有泪不轻弹！再说了，我们又不是没有希望找回《清明上河图》了。九百年后，它依然存在呢！"说着，一把拽起阿郎。

阿郎一听，觉得王小奇的话很有道理，立马"雨过天晴"。

小妙一直没有作声，但是心里默默做着推演：杰瑞浑身湿透，可以看出它是游过水的；疲惫成这样，应该是距离颇远；一片树叶，肯定不是路上随意咬的，不出意外的话，应该就是强盗藏匿处特有的……要是有一名熟识金明池的人，估计难题就能迎刃而解。

"阿郎，既然每年都有开放的时候，你一定是游览过的吧？"小妙问。

"自然，每年春季，父亲都会带我访春看花。"

"那你是不是对金明池特别熟悉呢？"

"这个……各位有所不知。金明池每年开放确实不假,不过,每日开放的时辰和开放的地域是有规定的,我虽说与父同游多次,可是,皇家禁地我断然是不曾踏入的,所以真说不上特别熟。"阿郎面露难色。

"那你知道谁会特别熟呢?"

"让我想想……"阿郎心里盘算:要说对金明池的熟悉,当今圣上可以算一个,不过,总不能让圣上当向导吧?除此之外,御林军也是熟悉的,可是,要是让他们得知宝图失窃,那我家可难保太平。建造的工匠也是熟悉之人,只是工匠甚多,一人一处,难有一人通晓全院。一个既知晓又可以保守秘密的人……

"有了!"阿郎忽然想到一人。

"谁啊？赶紧说说！"三个小伙伴急忙问。

"张择端。"

"那可是我的偶像啊！"慕华第一个反应，"为了他的《清明上河图》，我不远万里来到中国，要是能够看到画家本人，我就是我们学校最幸运的人了。哦，不，是我们州。不，是我们国家……"

"我们都知道张择端是鼎鼎大名的画家，可是为什么他对金明池也这样熟悉？"小奇、小妙不解。

阿郎解释道："张大人是我朝最负盛名的画师，位居画院要职，因为金明池景色优美，水兵演习气势恢宏，皇上特指张大人作《金明池争标图》。为画此图，张大人无数次往返，洞悉院中一切山水河道、楼台草木。"

"那真是太好了！"王小奇、王小妙齐声叫道。

"那真是太好了！"慕华也叫道，只不过，现在的她对于如何找到《清明上河图》感觉一般，她一心想的都是如何见到她的偶像大人。

"不过，我有点担忧。"王小妙说，"张大人位居要职，是你我可以请得动的吗？"

"哈哈哈，"阿郎放声大笑，"各位不知，张大人正是家父挚友，平常多有往来，待我便如亲生孩儿，如今我有事相求，他定不会推辞！"

"真的要见了，真的要见了……"慕华这个迷妹对张择端真是迷得不轻。

"来呀!"阿郎叫。

"是!"

"将此物交给张大人,请他速来!"阿郎边说边从脖子上解下一块小玉坠。当这个东西从小奇眼前一闪而过时,小奇一下子惊呆了,因为这东西正是曾经挂在杰瑞脖子上的那块玉坠。不,准确地说,应该是很像挂在杰瑞身上的那块玉坠。

说时迟那时快,不消多时,张大人就急急忙忙赶到。

"阿郎,此番何事,如此焦急?"

"大人,我家失窃……"阿郎连忙将事情的原委一一道来,最后拿出一片树叶,说:"这是救我的神犬所寻之物,大人看可有线索?"

"容我仔细看来!"张大人拿着那片

叶子仔细端详。片刻，惊叫:"真乃神犬，真乃神犬啊!"众人不解，围着张大人听个究竟。"你们看，该叶外镶金边，叶质肥厚，是瑞香无疑。该花芬芳异常，是不可多得的珍品。金明池内所栽之地，也不过八九。"

"有八九处啊?"王小奇觉得寻找范围不小。

"哈哈，莫急莫急!你们再细看。"张大人将叶子拿起对着将亮的天色，只见一束微光从叶子正中细小的洞内穿过，不仔细看，真是无法分辨。

"一束光从正中穿过?这是什么意思?"大家陷入沉思。

"张大人，"小奇率先打破沉默，"金明池内是否有一地正是水中央，而且又是

那八九处之内？"

"孺子可教！正是正是！"张大人看到王小奇找到思路，很是高兴，"金池内禁军守卫森严，只有水心阁人手不多。只因该阁建于水中央，常人必须依靠船只，方能进出。平日里禁军只需严格管理船只，便可保卫该阁。另外，老夫曾听闻有些世外高人，武功极好，特别是轻功水上漂，于水面而过，如履平地。如若这盗人有此神功，水心阁确是一处藏匿的好地方。"

"大人，依你之见，盗贼十有八九在水心阁？"阿郎还要确认一番。

"依老夫之见，必是如此！"

小朋友们听到张大人这样肯定，都高兴极了，急着要去抓贼救图。

可是，阿郎再一次阻止了大家。

小奇不解:"张大人都推断出盗贼的位置了,我们为什么还不能去抓贼?"

阿郎叹了一口气,说:"此时的金明池不是开放的时间,硬闯皇家禁地是死罪。你忘了?"

阿郎这么一说,大家都沉默了。可是,真的就束手无策,眼睁睁看着盗贼逍遥于院内吗?

第十四章　顺利进院

"孩子们别急，你们看，这是什么？"张大人拿出一块面积约五十平方厘米的长方形木牌，只见上面雕刻精美，飞龙游走，祥云舞动，正中一个"御"字，着实显示了不一般的威严。"这块御牌是当今圣上亲授于老夫，让老夫可以随意进出金明池。为了画之写实，老夫确实于各时辰多次往返，甚者，夜半时分，老夫忽有灵感，也敲门而入。守卫虽恼，也奈何不得。今日前来，定无人有疑。"

"太好了，太好了！"

"只是我们三人衣着……"小妙有点小担忧。

"哈哈，真是细心的孩子。无妨无妨，鄙人沉迷于作画，所谓怪癖，不可计数。今日将小厮如此打扮，又有何奇？"

"什么是小厮？"慕华听到新名词很是不解。

"就是张大人的助手！"小奇急着去破案，不想和慕华多说明，随意应付一句。没想到听到"助手"二字，慕华简直要乐疯了，拉着小妙的手，不停地说："太好啦！我居然可以成为张择端的助手！小妙，赶紧掐我一下，看看我是不是在做梦！"

时间紧迫，大家无意和慕华多说，紧

张地部署起来。待部署停当，一行人大摇大摆走向院门。看守院门的禁军看到张大人，连忙抱拳问候，只是伏腰之际，用眼角的余光狠狠地打量着三个服饰奇异的孩子。张大人看出端倪，便做出得意的神态，笑着说："各位军士，看我今日的小厮如何？老夫近日对服饰设计颇有心得，经老夫之手，顽童更显天真烂漫之态！来，转个圈给军士大哥瞅瞅！"

三个孩子连忙配合地转起圈来。

一军士还有疑惑，偷偷向队长使眼色，张大人见状索性打起节拍："一二三四，转个圈；二二三四，抬抬腿；三二三四……"几人疯癫之状不可言表。

守门禁军慌忙称好，恭恭敬敬地请他

们进去。暗地里却窃窃私语:"艺术家就是毛病多!"

一行人匆匆向金明池深处走去。路上,慕华凑到张择端身边,说:"张大人不但画工了得,还是个影帝呢,帮我签个名好吗?"

"影帝?此为何物?"张大人不解。

"影帝就是表演超级厉害的人啊!比如,在我们美国,就有特别有名的奥斯卡,每年获得最佳男主角的人就是影帝……"

"啥?美国?奥斯卡?男主角?"被慕华这一通说,张大人更加困惑了。不过,不愧是艺术家,对这个世界充满了好奇,"这位碧眼姑娘,不妨和老夫说说!"

"天哪,偶像居然要听自己说话,"

慕华顿时滔滔不绝，"你知道，美国的影帝有很多，不过，我最喜欢的是蜘蛛侠的扮演者，当然，我最喜欢的电影自然是《蜘蛛侠》了。我的爹地是个有名的材料学家，看我喜欢蜘蛛侠，还特意给我制作了一张类似蛛丝材质的大网，随身带着，走到哪儿，累了，找两棵大树，就能做个吊床。"

"哦哦，蜘蛛侠、材料学家、电影……碧眼姑娘，老夫有幸，今日听闻如此多世外之物，待盗贼之事了结，姑娘可否到本官家中一叙？"

"太棒了！"慕华兴奋得直跳，"张大人，一言几鼎来着？不许反悔啊！"

"不多不少，正好九鼎！绝不反悔！"

本是紧张异常的路，因为慕华的"插科打诨"，着实轻松了不少。

说话间，水心阁赫然就在眼前了！

第十五章　水中追捕

微光里，位于湖中的水心阁寂寞、冷清。这里原本是皇帝休憩的场所，不承想，居然成了贼人的藏身之处，不禁令人唏嘘。当然，不得不佩服盗贼的聪明，越是皇家禁地，别人越是觉得不可能，就越安全。只是，这水心阁四面环水，不论从哪一面进攻，贼人都非常容易从另外三面逃脱，唯一的办法只有……

张大人带着小妙和慕华来到船坞，管理船只的禁军都还在屋内呼呼大睡。张大人不管三七二十一,"梆梆"地使劲拍起门来,边拍还边喊:"赶紧给本老爷出来,水心阁附近出现张某久候之鸟,现隐匿水草之间,立刻撑起小船将其赶出。"小妙和慕华听罢,捂着嘴呵呵直笑。张择端觉得还不过瘾,又加了句:"谁要是坏了爷的画事,爷就坏了谁的脑袋!"

屋内的禁军一听是张大人来了,早就忙不迭穿衣套鞋,只是这睡梦中被人猛地弄醒,乱中错误百出。倒是有个最机灵的,并不急着先穿衣服了,而是先开了门:"张大人息怒,张大人息怒!张大人说水中有鸟,不知是何样貌?"

被这么一问,张择端一时哑口。情急之中还是小妙镇定,大声说:"若是老爷早已看清,还用你们?"

张择端连声附和："实乃蠢材，实乃蠢材啊！你们如何对得起圣上白花花的银两。待我上朝，好好奏上一本。"

"张大人万万不可，小的虽愚钝，不过手脚还麻利，老爷有何吩咐，马上安排！"

"此时坞内有船几许？"

"报告老爷，此时坞内有船百余艘。"

"船上可有出声之物？"

"这……"

"也罢，按我吩咐，将鼓、镲、刀、剑之物两两放于每艘船上，到水心阁附近静候，待知府少爷的命令，一齐敲打出声。若有闲杂人等惊扰老夫观察，一律缉拿归案。"

"得令，小的这就准备！"

张大人说罢便找了个开阔的角度坐下观望，慕华在一旁满眼崇拜地服侍自己心心念念的偶像。阿郎早已命人取来了自己的银丝铁杆枪，换上软甲，带着一名自幼一起练武的心腹伴读，准备突袭水心阁。小妙皱着眉头担忧地说："这太冒险了，我们可以再想个万全的计划。"小奇忙附和道："实在不行让我和你们一起去，我有秘密武器。""不必担心，我的武功在京城子弟中可是数一数二的。"阿郎用一种满不在乎的口吻答道。这时，禁军队长报告一切准备就绪，阿郎便冲两人挑了一下眉毛，微微一笑，登舟而去。

不一会儿，阿郎已经到了水心阁下。随着他一声令下，数百禁军擂鼓鸣金，阿郎伴着排山倒海之势一个箭步蹿入阁中，好一个：平地惊雷起，少侠倚枪现。紧接着，心腹也跟了进来。

藏匿水心阁的盗贼和一名同伙此时正在酣眠，忽然惊觉，着实措手不及，但他们到底是辽国一等一的高手，草原的夜晚时不时有狼群来犯，练就了从睡梦中立即清醒的能力。两人抄起长杆双锋刀，翻身朝阿郎头上劈来。阿郎瞅准时机顺势引枪刺向盗贼，被一个侧身躲过，一时间，四人打作一团。突然，盗贼一个"神龙摆尾"，挥刀朝阿郎双腿扫去。阿郎急忙后跳避开。盗贼趁机从腰间摸出一枚飞刀狠命掷向阿郎，阿郎来不及躲避，飞刀直直扎进他的身体。阿郎一个踉跄，掉出阁去，坠入水中。一瞬间，所有的打斗都停止了,空气仿佛突然凝固,安静得可怕。心腹跳下水来救阿郎,部分禁军七手八脚地把阿郎抬到庑房暂时安置,火速去请京城名医救治。另一部分禁军冲进阁内围捕盗贼,却已是人去阁空,《清明上河图》也无影无踪。

小奇、小妙和慕华,原先只听到阁中乒乒乓乓的混战声,各自在心底暗暗为阿郎加油。忽然看见一个人影坠落,正不明所以,就被几名禁军包围着带入一间小屋。王小奇暗暗叫道:"不好,阿郎失败了,这可如何是好?"三人就如热锅上的蚂蚁,心急如焚却无能为力。过了好一会儿,外面的躁动才平息下来,三人刚准备往外走,"哐当"一声,大门被一脚踢开,两名面色铁青的禁军大步走进来,不由分说就把三人捆了个结结实实，一边往外押一边冷冷喝道："知府少爷不幸毙伤，我们奉命押送尔等去狱中听候发落。"

第十六章　柳暗花明

一路上，小伙伴们都昏昏沉沉，这一切都发生得太突然了，明明前一刻还是意气风发的英勇少年，后一刻却伤重溺水命丧黄泉……"嘎吱"，三人如行尸走肉般被推进牢房，可这一次救他们出去的阿郎却再也不会来了。瘫坐在冰冷的地上，小奇终于忍不住放声大哭："要是我陪着阿郎一起去水心阁就好了……也许……"慕华也撑不住，跟着落泪："What if……"半晌，小妙缓缓地说："现在不是伤心的时候，"她的声音微微颤抖，"我们要想办法找回《清明上河图》，一旦盗贼离开东京，再想找回就难过登天。快点，我们的时间不多了。""可是……我们连身上的绳子都解不开啊！"小奇哭得上气不接下气。

后悔、自责、绝望和无力笼罩着阴暗潮湿的牢房，几声轻轻的狗叫从牢门传来——是杰瑞！它衔着一个小纸卷从铁栏杆的缝隙里钻了进来。放下纸卷，它三下五除二咬断了捆着三人的绳索。揉着勒疼的手腕，小奇注意到杰瑞身上湿漉漉的，又看看那个小纸卷，惊喜地说："杰瑞，难道你去过水心阁了？这，这，这是盗贼留下的线索？""汪汪"，杰瑞回应着小奇。听到"线索"，慕华的眼睛亮了起来："看来中国的古诗说的是真的，这真是'柳灭花亮'！""是'柳暗花明'！"小妙被慕华的散装中文逗笑了。三人迫不及待地打开纸卷，随即便像被泼了一盆冷水——纸上一片空白。

小奇不甘心地盯着纸张从上到下又细细看了一遍，脸都快贴到纸上了也没见着一个墨点。小奇扔下纸卷，一屁股坐回地上，嘟囔道："这不会只是盗贼吃完洋葱擦嘴的餐巾纸吧。"

"洋葱？"慕华疑惑地问道。

"那张白纸上一股子洋葱味，怪呛人的。"王小奇搓搓鼻子。

显然，一向聪明的杰瑞也有翻车的时候，牢房又陷入了无尽的沉默。

"I have an idea！（我有个主意！）"慕

华突然尖叫,害怕被狱卒听见又赶忙压低了声音,"我在科学社团听过,洋葱汁中含有一种不溶于水的葱油成分,洋葱液泡里的水和这种成分形成的混合溶液,在纸面的渗透性较弱,因而只有少量葱油能书写在纸的表面,因此难以发现。但用火烘烤后,葱油成分由于着火点低,比白纸先烧焦,因此,在白纸上显示出烤焦的棕色字迹。"

"真的?!那我们赶紧试试!"小奇的情绪瞬间又被调动了起来。

"可我们没有火呀!"慕华略有些失望地摸摸鼻子。

"这可不一定哦,"小妙说着取下了背包上的挂件,"诺,打火石。我看完《荒野求生》后跟风买了一个,没想到居然会

在这里用到。"小奇接过打火石,看小妙的眼神里都多了几分崇拜。

有了现代科技的帮助,三人很快用牢房里当床垫的干草生了一小堆火。小妙双手撑着纸片小心翼翼地在火焰上来回移动,一秒、两秒……大约二十秒后,棕褐色的字迹慢慢浮现在白纸上:

子时,大相國寺

第十七章　发现密道

"写了什么？"慕华虽然会说中文，认这些"方块字"却还是有难度。"写了'子……'"小奇突然顿住，这个字他也不认识，只能尴尬地把目光投向一边的王小妙。

"子時，大相國寺，""百科全书小姐"小妙微笑道，"'時'和'國'是繁体字，我们现在使用的简体中文中这两个字是简化过的。""古人写字也够辛苦的！"小奇再一次庆幸自己出生在现代。

"紫石？这是什么石头？"慕华又蒙了。

"这叫时辰，是中国的计时方法，子时相当于现在夜晚11点到次日1点，我们还有不到一个小时，时间紧迫啊！"小妙补充说。

"这应该是盗贼团伙的集会时间和地点，估计和刚到手的《清明上河图》有关，我们得去一探究竟。"小奇的话音刚落，杰瑞就从缝隙里钻了回来，乖巧地坐在小奇面前，吐出一串钥匙。小奇会意，从栏杆的缝隙里伸出手去，一把一把试起牢门上的锁。

运气不错，才试了两把，锁就"吱扭"一声开了。三人踮着脚溜了出来，发现狱卒都喝得酩酊大醉，便放心地从地牢里一路小跑到了街上。奇怪的是，宋朝并无宵禁，本该繁华的夜市也行人寥寥，冷清得反常。小奇大着胆子问了一个路过的面目和善的老奶奶才得知，今天是天宁节，京城百姓都各设宴席庆祝，所以街上才这么寂静。听如此说，三人又询问了相国寺的位置，便放心地去了。路上，还不等王小妙开口，小奇就率先向慕华"科普"："这是皇帝的生日，从唐玄宗开始正式设置圣节，也称诞节，天下宴集休假三日，历朝皇帝有不同的命名，比如'千秋节'就是一个比较熟知的名称。"

"原来如此，中华文化果然博大精深。"慕华不住点头称赞。

北宋的东京是当时世界上最繁华的都市，千门万户，三市六街，可与现代都市比到底不大，三人一狗顺着老奶奶指的路顺利到达了相国寺。小妙瞥了一眼腕上的夜光表，才10:52，还来得及。

见山门并未关闭，三人便偷偷溜了进去，躲在偏殿的香炉后瞪大眼睛瞧。五间大殿，四壁僧房，钟楼林立，经阁巍峨。正殿前的空地上聚了不少人，好像在商量些什么。今夜月光皎洁，可以看清几人留的皆是髡发，是辽国盗贼无疑了。三人拼命竖着耳朵想偷听说话的内容，但对方说的应该是契丹语，咕咕哝哝，小伙伴愣是一个字也没听懂。约莫十二点的光景，人群齐刷刷地向宝塔走去。三人领略过他们的武力，不敢紧随，只能待盗贼团伙都走进宝塔后才偷偷跟上。宝塔的木门半掩着，杰瑞一扭身钻了进去，左右转动脑袋

第十七章 发现密道

看了好一会儿才摇摇尾巴,示意主人们暂时没有危险,可以进入。一楼空无一人,但隐隐听得见说话的声音。慕华打开手机上的手电筒,准备爬楼梯追人,却被王小奇一把拉住:"且慢。"原来借着手电筒的亮光,王小奇发现宝塔的楼梯上干干净净,应该是入夜后清扫过的。一楼的地面上却有大大小小横七竖八的各色泥土的脚印,因此王小奇断定这群盗贼并没有上楼。难道这二十多号人凭空消失了?

到"大侦探"发光发热的时候了。小奇模仿福尔摩斯,在这些纷乱的脚印上大做文章。他拿着手电筒蹲在地上,仔细研究脚印的大小、方向,两个脚印间的距离,确定不同脚印的主人,再顺着同一个人的脚印一步一步地走,走完一个再走第二个。最后,小奇骄傲地宣布,所有脚印都指向楼梯后面的一块雕花水磨青砖。

与其他地砖不同,这一块一尘不染,四角各有雕花,浮雕和透雕相互穿插,精细如丝,俗称"挂线砖雕"——雕的分别是一簇桃花、一朵荷花、一盆菊花和一枝梅花。

看着如此精美的工艺,慕华忍不住伸手摸了摸那栩栩如生的梅花,毕竟在遥远的大洋彼岸,这种被赋予中国式文人气节的花卉可不多见。但就在指尖刚触碰到花瓣的瞬间,"Ouch(哎哟)!"慕华痛得叫了起来。众人急忙凑近细看,慕华涂着漂亮指甲油的手指上扎了根一寸长的银针,在手电筒的照射下散发出可怖的冷光。王小妙赶忙从包里掏出随身携带的创可贴和

第十七章 发现密道

碘伏棉签，小心翼翼地替慕华拔了针，简单包扎好。这一下，三人本来稍有放松的心一下子就悬到了嗓子眼：这座塔，不简单。

杰瑞背对着大家，坐到石砖的缝隙处。小奇眼尖，发现杰瑞尾巴上蓬松的毛全都向一个方向倒伏，似有风吹过。可宝塔到了夜晚门窗紧闭，哪来的风呢？

小奇的大脑飞速运转，把他看过的所有侦探书籍影视几乎想了个遍，动画片里的那个场景，移动的铅笔芯屑，还有另一个画面里歪斜的火焰……电光石火间，小奇明白了：原来如此。

"这是个机关，我赌五毛钱，地砖下面一定有个隐藏空间，"小奇十分肯定地说，"隐藏空间和外界有气压差，形成小气流,也就是风,但非常微弱,很容易被忽视。"小奇说话的语气自豪得仿佛就像刚刚当选联合国主席。

"那机关怎么解呢?"王小妙翻了个白眼。

"你们说,这四个图案会不会是代表春夏秋冬?"小奇不甘心地反驳道。

"春夏秋冬?说是说得通……可是和《清明上河图》有什么关系呢?"小妙一脸疑惑。

沉默再次笼罩了三人。

突然,慕华兴奋地说:"I got an idea(我有个主意)。我之前看了好多《清明上河图》的介绍,对于画中世界的时节,有两派意见,一说'清明'为春季;二说画中拉煤进城的老汉、酒旗上的'暑'字和赤裸上身的孩子等好些证据与春季矛盾，因此，部分学者推测为秋季。我刚摸的时候，感觉雕花略有松动，说不定是个按钮呢，我们同时按春秋试试。"

"哇，没想到慕华你深藏不露啊！"这一局就连素来臭屁的小奇都甘拜下风，说罢便撸起袖子伸手要按。

"等一下，"小妙一巴掌拍在小奇手臂上，然后把自己的外套脱下来裹在小奇手上，"还是小心一点为妙，万一又试错了。"

小奇不好意思地点点头。小妙虽然只比他大几分钟，却时不时给他一种"长姐如母"的感觉。

事实证明，慕华是对的。小奇只是轻轻一按，两处的雕花就慢慢陷了下去，紧

接着是齿轮转动的声音,水磨砖缓缓打开,露出一串向下通向无尽黑暗的台阶,阴森森的冷风袭来,吹得人毛骨悚然。

第十八章　密道惊魂

为了彰显大侦探风度,王小奇领着杰瑞自告奋勇打头阵。台阶很陡,三个小伙伴几乎要坐在台阶上一步一步往下挪。所幸,很快就到了平地,三人用手电筒四下一照,大致可以确定这是个修筑得十分完善的密道。密道大约一米宽,两旁石壁上相隔五步设有烛台,只是小伙伴和盗贼都无暇点燃。杰瑞在前面迈着小碎步,三人鱼贯前行。走了约莫十分钟,前方隐隐有光亮,三人急忙关闭手电筒，屏息凝神，放慢步子，缓缓靠近。原来，是一个稍宽敞的小厅，中央的石台上点着一盏大油灯，密道也在这里分出了四个岔路。面对四条一模一样的岔路，三个人面面相觑，谁都知道要是走错了不但找不到《清明上河图》，还可能困在密道里。

"要不我们各自分散开来？"慕华提了个"馊主意"。

"不行！我们的手机都没信号，没办法联络，要是真碰到盗贼，可不是闹着玩儿的。"小妙作为"大姐"，最是稳重。

大家想到自幼习武的阿郎也抵不住盗贼的招式，更不敢轻举妄动。倒是杰瑞在三个人一筹莫展之时，早已到每个路口都转了一圈，鼻孔一张一合仔细闻了又闻，然后在一个路口前轻轻叫了几声，摇着尾巴示意三人跟上。有了前几次杰瑞的"神级"救场，三人赶忙跟了上去。走进密道，三人闻到一股淡淡的、若有若无的木头燃烧的味道。

"是火把。古代没有手电筒，一般用桦木、松木之类含有较多油脂的木头，蘸上油，做成火把来照明。"小妙的"百科全书"又上线了。

又走了七八分钟，杰瑞突然停了下来，王小奇没刹住差点撞了上去，不满地嘟囔道："杰瑞，你要是不敢走，就让本'大侦探'来。"可话刚说完，小奇突然顿住了，面前，差不多在膝盖下方的位置，有一根几乎透明的紧绷的细线，不注意根本就看不到。想起冒险小说的情节，小奇吓得赶忙让大家后退几步，然后抓起书包朝细线扔去。只听"嗖嗖嗖"一阵箭羽声，墙上一排暗孔里射出无数支利箭，力度之大、速度之快，还来不及看清就已经死死地钉入对面墙中——密道再一次显示了它的威力。面对这突如其来的危险，小妙和慕华吓得腿都软了，扶着墙才勉强没有倒下，就连小奇也震惊得说不出话来。要不是杰瑞发现得早，三人肯定已经被扎成仙人掌了。

过了好半天他们才缓过劲来，继续前进。这一次，三人每走一步都小心翼翼，瞪大了眼睛，生怕做了密道里的冤魂。

由于神经高度紧绷，时间如同凝固了一般过得格外缓慢，仿佛走了好几个小时，前方终于出现了一个和先前类似的小厅，只不过略大一些，分了六条岔路。小伙伴们早已累得筋疲力尽，便先靠着石台坐下歇息。

然而，正当小伙伴们想如法炮制继续追踪时，盗贼却自己"送上门"来了。

兵器相互碰撞的声音由远及近，其中还夹杂着不少骂骂咧咧的契丹话，虽然听不懂，但明显能感觉出来者不善。"快跑！"小奇大叫一声，从地上蹦了起来，可长时间未进食和突然站立的暂时性脑缺血让三人眼前发黑。雪上加霜的是，面对六个一模一样的路口，哪里认得出来时的路。听着越来越近、越来越响的打斗声，慌乱间，三人失散，仓促间选了条路就往里冲。

可惜，到底晚了一步。辽国人眼力

好，走在前头的几个发现了他们，大喊了一句听不懂的话。打斗停止了，二十多个辽国人挤在小厅里吵吵嚷嚷地不知说些什么，似乎两派意见相左。这倒是给了小伙伴一些逃跑的时间。但上天也没有给三人太多的眷顾，没多久，辽国人就兵分六路，和追踪者来了个"角色互换"。

小奇和杰瑞赌对了方向，看到那些初见险些丧命，再见却倍感亲切的利箭后，一人一狗就像装了发动机一样拼命向前冲。很快，他们又回到了熟悉的小厅，四条岔路又摆在一人一狗面前。

"快想，选哪条。"小奇气喘吁吁地催促杰瑞，早就把自封的侦探身份丢到了爪哇国。

可天不遂人愿，杰瑞还未来得及仔细

观察，追兵就已逼近，为首的那个已经大笑着甩着套马索准备生擒小奇了。情急之下，小奇端起油灯朝已经跑到通道口的辽国人泼去，地面上瞬间燃起一堵"火墙"，把辽国人牢牢地封锁在通道内。在场的人都被唬住了，面对凶猛的火舌，辽国人也不得不乖乖停下脚步等火势变小。与此同时，杰瑞循着气味找到了正确的通道，带着小奇一路狂奔，连滚带爬地跑上楼梯。

可命运再次朝他们开了一个玩笑，那块青石砖闭合得死死的，任凭王小奇如何使劲都依旧纹丝不动。小奇抱起杰瑞，红着眼，用力摇道："怎么办？我不想死在这里，我们还要去救慕华和小妙！"可这一次，杰瑞只是偏过头去，没有任何反应。

第十八章 密道惊魂

小奇看着自己手背凸起的青筋和杰瑞耷拉的尾巴，长叹一声，向后倒去，虚弱地靠在石壁上。

突然，小奇背后一空，一块砖陷进墙里，伴随着齿轮的转动，青石砖再次缓缓打开。

再一次呼吸到宝塔内带有檀木香味的空气，王小奇觉得自己是在做梦，大脑还来不及思考，身体就本能地爬出了地道。然而就在他摇摇晃晃站起来的那一刻，侧颈遭到一记重击，随即两眼一黑，晕了过去。

小妙和慕华就没这么幸运了，两个人在狭窄的密道里不知跑了多久，一边害怕身后不知还有多远的追兵，一边担忧密道里杀人于片刻的暗器。面对未知的危险和未卜的前路，在生理心理的双重重压下，小妙很快支持不住了，奔跑的速度明显慢了下来。慕华略好一些，她所在的学校注重体育锻炼，她又有过童子军的经历，身体素质和抗压能力明显优于小妙。于是，她索性牵起小妙的手，大步冲向那浓重的黑暗，共同寻找一线生机。突然，意外再次降临。

"哎哟！"小妙惨叫一声跌倒在地，左脚脚腕钻心地疼。慕华赶紧把小妙的手臂搭到自己肩上，另一只手环住小妙的腰，试图帮小妙站起来，可试了几次都没成功。两人打开手电筒，想检查伤情。这不看不要紧，一看吓一跳，小妙的脚腕已经肿成了馒头，并且渐渐有些发紫。

小妙知道自己不可能继续奔逃，于是

使劲推慕华道："别管我，快跑！"可慕华说什么也不肯扔下同伴，她蹲在地上，倔强地要背着小妙一起走。追兵的脚步越来越近，地道似乎都在微微震动。

好在天无绝人之路，争执间，小妙瞥见眼前不到一米的地方，有一根透明的细线，与之前杰瑞发现的一模一样，当即计上心来。

"慕华，我们到机关那头等着，让暗器帮我们好好教训教训这伙强盗。"小妙虚弱地说。

"好嘞！我包里有辣椒水，喷他们一个措手不及！"慕华一下子燃起了斗志，背上小妙，小心翼翼地跨过细线，让小妙靠墙歇着，自己则手持辣椒水喷雾站在小妙身前。很快，追兵们就现身了。看到

"猎物"就在眼前，他们一面狰狞大笑，一面挥舞镔铁大刀，根本没有注意到脚下的机关。不出所料，一阵飞石从墙里射出，惊得盗贼手忙脚乱地挥刀去挡，却误伤了同伙。慕华瞅准时机，用辣椒水一顿大喷特喷，顷刻间，咳嗽声、惨叫声、怒骂声响成一片。慕华趁乱搀扶着小妙继续向前走，两人都忍不住笑出了声。然而，两个娇弱的现代人低估了这些驰骋草原、在风刀霜剑间长大的辽国人的实力。还没高兴多久，慕华就感觉腰上挨了一脚，重心不稳，跌倒在地，小妙也连带着滚落一旁。慕华还想用辣椒水反抗，却被一拳打飞。

"哈哈哈，哪里来的毛孩子，还想跟老子耍花招，"盗贼见是一群中原孩子，使用蹩脚的汉语说道,"老子今天就让你们瞧瞧什么是好汉!"说着,举刀就砍。

看着明晃晃的刀刃,毫无还手之力的慕华和小妙绝望地闭上了眼睛。

"砰!"

大刀并未落到身上。二人缓缓睁开眼睛,回头看去,密道里已经点起了蜡烛,一群人穿着黑色的夜行衣,手持朴刀,为首的一个身量较小,戴着面具,横拿着一杆银枪,为她们挡住了致命的一击。"怎么是你们?!快走!这里交给我。"那人大喊道,掉转枪头向辽国人刺去:"蠡贼,拿命来!"身后的黑衣人也一拥而上,只剩刚刚死里逃生的慕华和小妙愣在原地:蒙面人是谁?为什么出现在这里?为什么认识她们,还救助她们?还有,最大的疑问是,为什么他的声音竟然如此熟悉？

黑衣人训练有素且人数占优势，很快，混战就结束了。那些辽国人浑身挂彩，被捆成了粽子，垂头丧气地喘着粗气。这时，蒙面人缓缓走到女生们面前，慢慢摘下面具——是阿郎！小妙不敢相信自己的眼睛，赶紧动了动受伤的脚腕：疼！这不是梦！慕华也目瞪口呆。

阿郎率先开口："这件事说来话长，先回去，我慢慢和你们解释。"

"但是我的脚……不，你们快去救小奇和杰瑞，我们不小心走散了。"一想到弟弟的安危，小妙瞬间冷静了下来。

"难怪刚刚有人来报，抓到了一个奇装异服的小孩，还有一条卷毛狗，应该就是小奇没错了。放心，他们已经脱离险

境，现在很安全。"阿郎微笑着，又在小妙面前弯下腰，"我来背你吧。"

第十九章　一局大棋

一行人回到大名府时，天已蒙蒙亮，阿郎将小妙和慕华安置在客房里，一面命侍女帮她们沐浴，一面派人去请名医来给小妙扎针正骨，又赶紧把被误抓的小奇放了出来，也让小厮伺候。古人的沐浴并不草率，一套泡澡、搓背、梳头、涂脂、熏香下来，慕华和小妙感到整整一天高强度冒险的疲惫都在烟斜雾横中风吹云散，随之而来的是汹涌澎湃的好奇心，一个劲儿地让侍女去找阿郎，颇有一副刨根问底的气势。侍女领命而去，不一会儿便来将二人带到院后一间宽敞的厢房。小奇已经在房内坐着喝茶了。看着差一点儿就生离死别的伙伴，三人的激动之情溢于言表，顾不上侍女诧异的目光，紧紧拥抱在了一起。

不一会儿，阿郎从里间走出来，说："我喜欢阔朗，这屋子不曾做隔断，布置得也简陋，还望各位不要嫌弃。"

"快说，你葫芦里到底卖的是什么药？"小奇急得不得了。

"别急别急，我马上如实相告，"阿郎笑了起来，"先叫人把点心端上来，咱们边吃边说。"

三人听这么一说，猛然察觉到肚子正在唱着响亮的"空城计"，也就不再催促阿郎，专心对付眼前的美食。

宋人的肴馔丰富精致，鱼兜杂合粉、群鲜脍、小鸡二色莲子羹、乳酪、枣箍荷叶饼……特别是一道名为"滴酥鲍螺"的小食，奶香浓郁，配上江南的绿茶真叫人齿颊留香。小妙无比羡慕地说："阿郎，你真是太幸福了，可以天天吃这样的美味佳肴。不过，相比较吃食，我还是更想知道你是怎样起死回生的。"

"嗯，嗯。"小奇、慕华嘴里塞满了美食，腮帮子鼓鼓的，连连点头。

"是这样的，"阿郎说，"辽国有一个臭名昭著的奸臣，叫耶律乙辛，曾深得辽国上一任皇帝辽道宗的信任。他专擅朝政十余年，党羽众多，自从他试图谋害当时的皇太孙耶律延禧不成，被削除爵位后，就一直在东京安插同党,想要联合我朝达到其东山再起的目的,但在辽道宗大康九年(1083年)被辽国诛杀。同伙一直蛰伏在东京的各个角落,密谋要撼动我大宋的政权。近期,我们在掌握的信息中发现,他们的活动日益频繁……"

"可这和《清明上河图》有什么关系?"急性子的王小奇已经等不及了。

"这关系可大着呢,"阿郎故意卖起了关子,"在你们的印象里,《清明上河图》是什么样的?"

"嗯……是……"美术课上总看侦探小说的小奇瞬间语塞。

"《清明上河图》是一幅具有重要历史价值的风俗长卷,画家张择端生活积累非常丰富,技法也娴熟异常,把东京城内及近郊人民的生活景象描绘得栩栩如生。特别是各种劳动者，准确到就如档案馆里的史料。对人物、建筑物、交通工具、树木、水流之间的相互关系的处理，非常巧妙，整体感很强，具有极大的考史价值。此后历代绘制的都市风俗画，无不受其影响。"小妙流利地背诵着，还不忘朝小奇翻个白眼，补充说："这都是美术课的PPT上放的。"

慕华的眼睛瞪得像铜铃，一声"Bravo（棒极了）"脱口而出。阿郎也被这段极度官方的解释吓了一跳，虽然他听不懂什么是"PPT"，但他深刻地感到，眼前的女孩，很不简单。

阿郎说，由于这些辽国探子长时间混迹于东京城，除了髡发的痕迹，其他穿着打扮和生活习惯都与宋人无异,我们一直无法掌握这些探子的具体人数和联络场所,迫不得已才想出这个方法,将他们一网打尽。

当今圣上为了应对外来的突袭,在京城修筑地下密道,联通了各个重要机构,以便禁军护驾和机密资料的转移。丞相大人偕同家父趁此机会向圣上献计,故意在天宁节前放出风去,密道的线路和各个出入口隐藏在《清明上河图》中,引诱契丹探子现身偷图。而张择端大人则在圣上的授意下仿制了一张图,将假线路绘入图中,欲使探子进入死路,再由我们一举擒拿。如今看来,这个计划相当成功,那批探子几乎是倾巢出动,现在已全在狱中听候发落。

第十九章 一局大棋

至于我的假死，其实是计划之外。我本来只是假意追击，想着打几个回合就败下阵来，放跑他们，可没想到契丹人武功了得，还使阴招。所幸那枚飞刀被我贴身戴的玉佩挡住了，未伤我分毫，于是我就将计就计，演了一出假死的戏码，好让他们彻底相信图是真的。不过，连累你们被官兵抓进了地牢。

话说回来，你们是怎么逃出地牢的？又是如何找着那些辽国人的？你们也太大意了，要不是官兵及时赶到，你们就……

"这，这，这多亏了杰瑞的帮助，还有小妙、慕华惊人的知识储备。小奇不知道该如何解释他们的那些会出现在电视里的跌宕起伏的冒险经历。

慕华听阿郎如此说，心想："在博物

馆的时候也没看个真切,要不现在仔细看看?再说,宋代的仿制,呵呵……"想罢,便说:"阿郎,我有个事情想麻烦你一下?"

"碧眼姑娘,你有何事?尽管说!"

"我,我想看看《清明上河图》!"

"这……"

"我想看的是那张仿制的。"

"哈哈,这个容易!"阿郎如释重负,叫道:"来呀!"

一小厮推门进来:"少爷有何吩咐?"

"你去把《清明上河图》取来!"

"是!"小厮退下,不多时便取来画作。

徐徐铺开画作,数百年前的东京城展现在孩子们面前(不过,于小奇、小妙、慕华而言,或许应该说是府外的东京城吧),酒肆、茶馆、商贩、路人……无不栩栩如生。就在看得入迷之时,慕华突然指着画中一座桥叫道:"天哪!大家快看,这是超级超级有名的虹桥啊!"只见一艘大船就要过桥,船夫们有用竹竿撑的,有用长竿钩住桥梁的,有用麻绳挽住船的,还有几人忙着放下桅杆,以便船只通过,正当大家手忙脚乱之际,邻船的人指指点点,似在大声吆喝:"喂,往右边转一点儿,别蹭了!"船里船外都在为此船过桥而忙碌着。桥上的人,伸头探脑的,都为过桥的船捏了一把汗。"我真想去虹桥走一走啊!"慕华嘟嘟囔囔。阿郎便说:"这个容易,明日我带大家去领略领略我大宋的繁华!"

"耶！"

"不过，今日实在困乏，要不还是早点休息，各位意下如何？"

"为了明天更好地出行，确实得养精蓄锐！"小奇、小妙、慕华附和。

说罢，阿郎拔腿要走，一直伏在一旁安静极了的杰瑞忽然蹿到阿郎怀里，亲昵地舔着阿郎。阿郎忙搂着杰瑞抚摸着："差点把我们的神犬给忘了呢！乖，明日我也带着你好好逛逛。"说罢，想把杰瑞放下。谁知杰瑞硬是不肯，在阿郎的脖间胸口扭动起来，逗得阿郎直呼："痒痒痒——"

众人都当杰瑞捣乱，谁知阿郎挂在身上的玉坠竟被杰瑞勾了出来。

"呀，我怎么忘了这事呢！"王小妙一看到玉坠，顿时明白杰瑞的用心，便对阿郎说："阿郎，你的玉坠可否借我们一看？"

杰瑞听到小妙如此说，"吱溜"一下滑下，瞪着一对圆圆的大眼睛，安安静静地看着。

"行啊，没想到这东西竟救了我一命。"阿郎说罢，便解下玉坠交于小妙手里。

如果不是亲眼所见，小奇、小妙断断不会相信这块玉坠是阿郎的，它和杰瑞脖间的那块真是太像了。

"阿郎，这块玉坠是你的吗？"双胞胎同问。

"那是自然，父亲给我的。"阿郎听他们这样问，有些疑惑："这玉坠有什么奇怪吗？"

"哦哦，倒也没什么奇怪的，就是和杰瑞脖子上的那块实在长得像。"

众人把头转向杰瑞，谁知杰瑞脖间空空荡荡，哪有什么玉坠。"杰瑞，你的玉坠呢？"小奇急着问。

杰瑞瞪着无辜的大眼睛，一声不吭，仿佛在说："什么玉坠？我怎么不知道？"

小奇急得抱起杰瑞一通乱摸，可杰瑞的毛里除了刚才吃点心时留下的一点碎屑外啥也没有。小妙想起平时杰瑞不让人碰它的玉坠，心想：这玉坠多少有点古怪，要不还是问问阿郎吧！

"阿郎，请问你父亲送你玉坠的时候可曾说过什么？"

"让我想想——"阿郎略略思索，道："这玉坠啊，来得确实有点蹊跷。父亲一

第十九章 一局大棋

日遇到一道士，疯疯癫癫，语焉不详地说这玉坠有二十四块，要是都集齐了，便可解一大秘密。父亲本不想搭理，谁知这道士不依不饶，定要父亲收下，父亲无奈，只得留下。"

"知府大人就没有去打听过这个秘密？"

"父亲曾请人去查过这道士，谁知一无所获，别说秘密，就连所住道观也一概不知。父亲公务繁忙，便不再理会。"

"这样啊！"

阿郎看几人对玉坠似有兴趣，便拿起玉坠塞到小奇手中，说："要喜欢，就送你们吧……"

正在这时，忽然画面发出一道刺眼的光亮，就像当时他们在博物馆里遇到的那光亮一样，小奇他们又被一股强大的力量吸引，然后就没有了知觉。

屋外的太阳斜照进窗户，不时还传来几声清脆的鸟鸣。小奇感到有人在拍着自己的脑袋，他揉揉眼睛，可眼前站着的竟然是爸爸。

"小奇，你们怎么在博物馆里过了一夜，吓死爸爸妈妈了。"

"难道这只是一场梦？"小奇从地上站起来，看着周边的一切，这里就是那个保存《清明上河图》的储物间，小妙、慕华、杰瑞就在旁边。他特意看了一眼杰瑞的脖子，玉坠完好地挂在它的脖子上。"难道真的只是一场梦？"

"妈妈昨天告诉我后，我连夜赶了回来，带着警察和博物馆的工作人员一起找

你们。你们怎么走到储物间里来了？"

"我也不知道。"小奇低声说道。

"好了，这都不重要了，找到你们就好。"张叔叔在一旁说道。

于是，孩子们跟着大人离开了博物馆。这真是一场神奇的梦啊！

"我们做了一个神奇的梦。"

"好的，等到了家里再慢慢说，现在我们先去吃早点，有你们最喜欢的小笼包。"妈妈说道。

"欧耶！"小奇开心地嚷了起来，"我请大家吃……"小奇一边说，一边伸手去口袋摸钱，然而一瞬间，王小奇愣住了，他感到世界都暂停了。

他摸出了阿郎的玉坠……